丛书编委会

个人形象与职场礼仪

张廷辰 李兵琴 编著

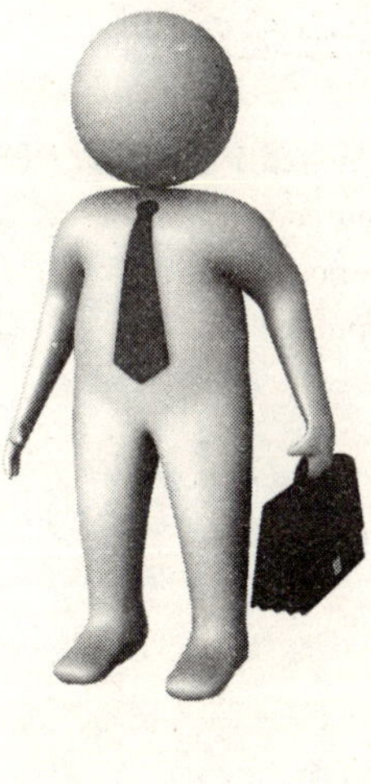

黄河出版传媒集团
阳 光 出 版 社

图书在版编目(CIP)数据

个人形象与职场礼仪 / 张廷辰，李兵琴编著. — 银川：阳光出版社，2014.7
(职工培训丛书)
ISBN 978-7-5525-1377-6

Ⅰ.①个… Ⅱ.①张…②李… Ⅲ.①心理交往 — 礼仪 — 职工培训 — 教材 Ⅳ.①C912.1

中国版本图书馆 CIP 数据核字(2014)第 162320 号

个人形象与职场礼仪　　张廷辰　李兵琴　编著

责任编辑　李少敏
封面设计　李巧娜
责任印制　岳建宁

黄河出版传媒集团
阳光出版社　出版发行

地　　址　宁夏银川市北京东路 139 号出版大厦(750001)
网　　址　http://www.yrpubm.com
网上书店　http://www.hh-book.com
电子信箱　yangguang@yrpubm.com
邮购电话　0951-5045842
经　　销　全国新华书店
印刷装订　宁夏飞马彩色印务有限公司
印刷委托书号　(宁)0000126

开　　本　880mm×1230mm　1/32
印　　张　5.25
字　　数　110 千字
版　　次　2014 年 12 月第 1 版
印　　次　2014 年 12 月第 1 次印刷
书　　号　ISBN 978-7-5525-1377-6/G·1423

定　　价　20.00 元

前言

随着社会的发展与进步，职场的竞争也越来越激烈，它已不仅仅是个人能力的较量，亦是个人形象和职场礼仪的比拼。

个人形象与职场礼仪不仅客观地反映了一个人接人待物的生活态度和精神面貌，展现了一个人的个人品位和学识修养，同时也是其所在职场集体风貌和整体形象的集中表现。因此，本书从“个人形象”和“职场礼仪”两个方面出发说明如何在职场中塑造良好的个人形象。

我们首先列出了个人形象六要素，并从这六要素出发说明影响个人形象的既有仪容、服饰等外在因素，也有接人待物等内在因素，而接人待物等内在因素又往往通过言谈举止、人际沟通和职场操守等由内而外地呈现出来。因此，我们层递安排了“言谈举止：优雅得体添魅力；同事相处：有礼有节赢人缘；社会交往：礼貌文明赢尊重；职场操守：忠诚敬业有责任”四章内容。

这四篇内容分别从语言表达技巧、举止神态运用，职场中和谐处理同事、上下级关系，社会交往中相互尊重的人际交往艺术上升到“忠诚、敬业、责任心”的个人职场操守上。

为了使大家更好地践行职场礼仪，树立个人良好形象，在个人形象与职场礼仪的每一条目下，我们都结合条目要义尽可能呈现一些鲜活的案例，并在案例的分析中，给出树立个人良好形象和“礼仪”职场的具体方法或操作建议。因此，本书的突出特点是将案例与实际操作相结合，用案例说明形象、礼仪的重要性，用操作方法建议大家“礼仪”职场，塑造形象。

“内强素质，外塑形象”是本书的编写目的。让我们把塑造个人形象、践行职场礼仪落实到生活中、职场上，做一个生活中、职场上真正的礼仪之士、文明之士。

目录 CONTENTS

CONTENTS

CONTENTS

CONTENTS

第一章 个人形象：内外兼修

个人形象，是指一个人在人际交往过程中留给他人的总体印象。这种印象从构成上看主要包括六个方面，它们亦称个人形象六要素。

个人形象六要素

个人形象，是指一个人在人际交往过程中留给他人的总体印象。这种印象从构成上看主要包括六个方面，它们亦称个人形象六要素。

（1）仪容。仪容，通常是指人的外观、外貌，重点指人的容貌。要注重仪容规范，讲究仪容美，就要注重个人卫生、讲究美观大方、保持整体和谐。

（2）表情。表情，主要是指一个人的面部表情，它包括眼神、笑容及面部肌肉的综合运动等。在人际交往中，表情的基本要求是和蔼、亲切、友善、真诚。

（3）举止。举止，指的是人的动作和姿态，包括站立、坐姿、行走和手势等。举止落落大方、动作合乎规范，是举止礼仪的基本要求。

（4）服饰。服饰，是对人们穿着的服装和佩戴的首饰的统称。服饰的穿戴要求是符合身份、场合，符合自己的自然条件及气质。

（5）谈吐。谈吐，即一个人说话的特点、风格及水平等。谈吐要做到文明健康、真诚和蔼、得体适度、科学规范。

（6）待人接物。待人接物，是指与他人相处时的表现，亦即为人处世的态度。重视待人接物，不仅要善于运用常规的技巧，最重要的是要善于理解人、体谅人、关心人、尊重人。

以上六个方面从表面上看主要是个人的外在形象，但实际上人的外在形象又往往是内心世界的真实表现。所以，良好的个人形象不仅是穿着打扮等显现出来的外表美，更是言谈举止等所呈现出来的自信美、气质美，以及待人接物、为人处世等内化出来的品质美、内涵美，是一种内外兼修的美。

外表形象影响个人发展

外表形象对一个人事业的发展究竟有多大影响呢？让我们首先通过美国总统竞选的例子来看看吧。

1960年尼克松与肯尼迪的总统之争中，老牌政治家尼克松似乎在资历上占有绝对的优势，但他却忽略了对自己外表的包装，以至于贵族家庭出身的肯尼迪评价他："真没有品位。"受到家族的影响，肯尼迪懂得如何利用自己的外在优势获取选民的信任。在与尼克松的电视辩论上，肯尼迪浑身散发着领袖的魅力，看起来坚定、自信、沉着，不仅能够主宰美国的政坛，而且能平衡世界的局面。电视节目中的一个握手动作，就使得一位政治评论家宣称"肯尼迪已经获胜"。而他提出的"不要问国家能为你做什么，问一问你能为国家做什么"的口号，激起美国人民上下一片的爱国热潮。最终肯尼迪战胜尼克松当选为美国总统。

这是国家政治选举中外表形象对个人发展影响的一

个例子，职场中的外表形象同样影响个人的发展。

小怡工作能力很强，与同事相处也很融洽，唯一美中不足的是她不注意个人形象。与她一同参加工作的同事一个个都升职了，唯独轮不到她。当有人为她打抱不平时，经理私下告诉打抱不平者："其实，旁观者都看得出来，她不升职不是工作能力的问题，是形象的问题，可是谁又能开口告诉她呢？这是一个注重形象的时代，我们每每遇上重要的事想让她洽谈时，却总担心客户以貌取人，认为我们是一家不专业、不注意形象的公司。毕竟公司要注意形象呀。"

外表形象不但影响升职，有时候还会影响工资待遇等其他方面。美国德克萨斯州立大学奥斯汀分校对二千五百名律师的调查发现，外表形象有魅力的律师的收入高于其他同事14%。美国纽约州立大学对《财富》前一千名首席执行官进行调查，96%的人认为形象在公司雇用人等方面起着极其重要的作用。所以，在人际交往中我们只要抓住人人都注重先入为主或注重第一印象这个特点，从一开始就树立良好的形象的话，就一定会在事业的发展中起到事半功倍的作用。

把握好第一印象

工作、人际交往中，我们常常要与陌生人打交道。如果我们留给对方美好的第一印象，将会对人际交往、事业发展等起到积极的促进作用。

第一印象，就是当你与素不相识的人初次见面时，留给对方的某种印象。它主要是关于对方仪容、服饰、举止、神态、语言等方面的印象。尽管它是片段的、不成体系的，却是非常重要的。

心理学研究发现，与一个人初次会面，几十秒甚至几秒钟内就能产生第一印象。第一印象55%来自外貌（长相、仪容、服饰、发型等）、38%来自举止（仪态、眼神、表情等）、7%来自语言（说话的内容）。这一印象会对他人的社会知觉产生较强的影响，并且在对方的头脑中形成具有主导地位的态势，并可能形成对方难以改变的心理。

心理学上的很多实验证明了这一点。下面的实验是其中具有代表性的一个。

哈佛大学的实验者让一群学生只看一位教授教书的录像带十秒钟，然后让大家把对这位教授的印象写下来，等到上完一学期的课以后，再让他们写下对这位教授的印象，结果发现，两次对比下来，并没有多大的差别。

因此，英国形象大师庞德说："这是一个两分钟的世界，你只有一分钟展示给人们你是谁，另一分钟让他们喜欢上你。"

让我们再看看下面两个例子。

案例1：在一次招聘会上，大学刚毕业的小包遇到了国外某咨询公司的老总。着装得体的小包以她知书达理、精明强干的外在形象以及高超的自我展示能力很快赢得了这位老总的青睐，不但当场决定雇用她，而且还给她高工资。她那得体的着装几秒钟就让老总知道她是一位懂得职场礼仪的人，这比有的毕业生不厌其烦地讲述自己曾在哪里实习、获得哪些奖励、有过什么业绩要好得多。

案例2：某公司在招聘一批业务员的面试前，有意开来几辆满载货物的卡车，请面试者帮忙卸货。主考官一马当先，带头上车卸货，应聘者都想在主考官面前留下良好的第一印象，所以干得格外卖力。货卸到一半的时候，主考官突然“扭伤了腰”，在别人的搀扶下到医院去看病，临走时主考官对应聘者说：“很抱歉，今天的面试只得取消，至于什么时候面试，公司会通知你们的。”等主考官的身影一消失，不少应聘者便骂骂咧咧，当即甩手而去，其中一部分应聘者坚持把货卸完才离去。不用说坚持把货卸完的人被公司录用了。原来这是公司有意设计的一场面试。

看来，良好的第一印象是一把打开机遇大门的钥匙，这种第一印象既可能是外在的，也可能是内在的。

如何给对方留下良好的第一印象？

（1）仪容整洁。

（2）衣着得体。

（3）说话文明。

（4）态度真诚。

（5）有礼貌。

（6）有教养。

戴尔·卡耐基在《如何赢得朋友及影响他人》一书中给出了留下良好第一印象的六条建议：

（1）做一个耐心的听者，鼓励别人多谈他自己。

（2）微笑。

（3）多提别人的名字。

（4）谈符合别人兴趣的话题。

（5）以真诚的方式让别人感到他很重要。

（6）真诚地对别人感兴趣。

仪容形象，首先的观感

在人际交往中，首先引起交往对象注意的是一个人的仪容，因此要讲究仪容美。仪容美包括自然美、修饰美和内在美。自然美是指天生的条件好；内在美是在学习基础上培养出来的高雅气质和美好心灵；修饰美是指依照规范和个人条件，对仪容作必要的修饰，扬长避短，设计塑造出个人的良好形象。仪容美一般是指仪容的修饰美。那么，职场中如何做到仪容的修饰美呢？

1.面容修饰

面容修饰，首先要进行面部清洁。标准是无灰尘，无污垢，无汗渍，无分泌物，无其他不洁之物。面容修饰应注意以下几点。

（1）耳部。经常进行耳部的清洁。不过，这个举动绝对不应该在工作岗位上进行，也不能在公共场合进行。

（2）眼部。注意眼部的清洁，避免眼屎遗留在眼角。戴眼镜者应注意眼镜的清洁。另外，不要在室内戴墨镜。

（3）鼻部。不要当众擤鼻涕、挖鼻孔、乱弹或乱抹鼻垢，要在没有人的地方，用手帕或纸巾清理鼻涕等，且把用完的纸巾自觉地扔到垃圾箱里。要注意经常修剪鼻毛，不要让其“显露”在外，也不要当众拔鼻毛。

（4）嘴部。嘴边不能有食物残渣；饭后刷牙，以去除异物、异味；在与人交往前，忌食葱、蒜、韭菜、腐乳等气味刺鼻的东西；如牙齿上有不易去除的牙垢或牙齿发黄，要及时去医院或专业洗牙机构清洗。

（5）胡须。如果没有特殊的职业需要、宗教信仰或民族习惯，应该把每天刮胡须作为自己的一个生活习惯。刮完胡子后可以根据自己的喜好选择香水，但要清香淡雅。

（6）脖颈。一要保持清洁，不要藏污纳垢。二要防止皮肤老化，与面容产生较大反差。

2.头发修饰

一个人的头发凌乱不堪会让人感觉不舒服，所以要常梳洗、常剪发，保持头发清洁，养成自觉护理头发的习惯。一般男士头发长度前不应遮眼，左右不应遮耳，后碰不到衣领。

另外，交谈的时候，不要在别人面前梳理头发，要随时注意清理落在肩背上的头屑。

3.手臂修饰

（1）手部。勤洗手，常剪指甲。指甲外形不美观，亦可进行修饰。

（2）肩臂。在正式场合女士不宜穿半袖装或无袖装。

4.腿、脚部修饰

（1）腿部。正式场合，男士不应暴露腿部，不允许穿短裤。女士可以穿长裤、裙子，裙长应过膝，应穿丝袜。

（2）脚部。正式场合，不允许光脚穿鞋。拖鞋、凉鞋、镂空鞋、无跟鞋也是难登大雅之堂的。要注意保持脚部卫生，鞋子、袜子要勤洗勤换，勤剪脚指甲。

此外，还要注意手臂、腿部汗毛的处理。如果汗毛生长得过浓或过长，就要用适当的方法脱毛。

服饰得体，外化个人形象

一般来说，职场人士的服饰应合乎身份，庄重、得体。若穿着不当则会产生不良的第一印象，影响个人及单位形象。

王敏是某校文秘专业的应届毕业生。在同学们的眼中，她的择业优势太多了：学习成绩好、学生会干部、号召力强……一家著名的大公司要招聘文秘人员，王敏递交了个人简历。很快公司通知她面试，王敏立即行动起来。她几乎试穿了衣橱中应季的所有衣服，最终选定了一套时下最流行的服装。接着，她又精心地搭配了一对同样是时下最流行的耳环，亮晶晶的耳环使她看上去更加光彩夺目。

王敏信心满怀地走进公司，按照预先的准备，镇定地回答了几位面试官的提问，出来的时候，她觉得自己志在必得。但她万万没有想到，正是那套流行的服装和那对金光闪闪的耳环使她名落孙山。

要知道，这个企业招聘的是文秘，而不是演员，一味追求亮丽的穿着，而不去考虑自己的形象是否和所要求的职业形象吻合，结果可想而知。

所以，要想让衣着服饰为形象加分，得体十分重要。具体来说要做到着装上的“五应”原则和妆饰上的“三遵循”原则。

1.着装“五应”原则

（1）应时。应时有两层含义，一是着装要与时代相吻合，二是着装要与具体的时间相吻合，不能脱离时代、四季“乱穿衣”。

（2）应景。所谓应景，是指要尽量使着装与所面临的环境保持和谐与一致，绝不可以我行我素，使自己的着装同所处的环境格格不入或反差过大。

（3）应事。所谓应事，是要求着装应与所办理的公事相配合、相呼应。如参加会议、庆典、盛宴、谈判等庄严、隆重的活动时，着装应力求庄重、高雅、大方。

（4）应己。所谓应己，是指着装必须做到量体裁衣，因人而异。要扬长避短，充分地展示自己的最佳形象。具体地讲，就是注意性别、年龄、肤色、形体四大问题。

（5）应制。所谓应制，是要求着装必须合乎服装自身的规律，做到制度化、系列化、标准化。

①制度化。着装，尤其是代表单位形象执行公务时的着装，应在制度上有所规定，这就是着装的制度化。

②系列化。着装的系列化，是指着装时，衣、裤、裙、帽、鞋、袜、包等要相互呼应，配合协调。如，穿西服时，应穿深色袜子和皮鞋，不宜穿白色袜子或拖鞋、布鞋、凉鞋、旅游鞋等。

③标准化。着装的标准化，是指着装时，要按照各种服装的穿着标准来着装，切不可随意“发明”穿着方法。如，在穿中山装时，基本的要求是系上全部衣扣。

另外，在着装“五应”原则上还要做到忌艳、忌露、忌透、忌短、忌紧的“五忌”原则。

2.妆饰“三遵循”原则

妆饰俗称“打扮”，主要是指人们适当地化妆或使用一定的饰物，对自己进行装饰。具体讲，应遵循以下三条原则。

（1）既少又精。一般来讲，在妆饰上讲究的是少而精，宁少勿多；淡而雅，宁淡勿浓。当参加某些重要活动，特别是外事活动时，为了显示对主人和他人的尊重，要对自己进行适当的打扮。

（2）扬长避短。扬长避短就是通过适宜的化妆方法，突出自己的优点，弥补自己的不足与缺陷。扬长避短的重点应当是避短，而不是极力地扬长。例如，手形不好或手指有些畸形，聪明的做法是千万别佩戴会引人注意的戒指。

（3）遵守成规。和穿衣一样，打扮也有成规。不管是化妆美容，还是佩戴饰物，都应当学习并遵守通行的程式、规则和方法。以佩戴首饰为例，在一般情况下，首饰不应超过三个品种，每个品种不应多于两件，而且各个品种的首饰在色彩、质地上应当尽量和谐一致。

热情，为你的个人形象“加油”

成功人士有一个明显的特点，那就是他们无论是对人还是对工作都充满了热情。

许文是一家电脑公司的业务主管，这家公司的生意现在相当红火，员工的工作热情也非常高。但是，以前并非这样。

前段时间公司里的员工都厌倦了自己的工作，许多人已经作好了辞职的准备，但是许文的到来改变了这一切。每天许文都是第一个到公司，然后微笑着与后面陆续到达的同事打招呼。工作时，他容光焕发，对工作充满了激情，这种激情感染着周围每一个人。在他的影响下，大家也是早来晚走，斗志昂扬。因为始终保持着对工作的热情，后来他被提拔为业务主管。

由此可见，热情的人很容易打造良好的个人形象，获得周围人的认可。那么，怎样才能做一个充满热情的人呢?

（1）有远大的理想和坚定的信念。社会是复杂的，生活中人们品尝的不仅是幸福与甜美，还有艰辛与困苦。面对艰辛与困苦，一些感情脆弱、意志不坚定的人，就会失去对生活的热情。人生道路不可能总是一帆风顺，只要你胸怀理想，坚守信念，热情就不会泯灭。

（2）热爱工作。人只有对工作充满热爱，才会有热情投入到工作中，才会积极主动、尽职尽责地工作。

（3）永不满足。长时间在某一环境下工作，人们很容易疲劳、倦怠，没有热情。其实，只要在工作中有永不满足的精神和使命感，就一定会产生前进的动力，生活中就会充满热情。

（4）不断“加油”。在职业生涯中，要想不断进取，就必须保持对工作的热情。于是，有人提出了“热情加油站”的概念，主要是通过疏通情感渠道去补充热情，从而起到加油站的作用，使自己创造出更大的职业成就。

（5）学会管理压力，享受压力。一个人无论多么喜欢自己的工作，或多或少都会存在压力。若压力过大，不能调整就会损害身心健康；若压力过小，就没有前进的动力。所以，人要学会管理压力。压力过大时，学会科学地释放压力，心情轻松才容易重燃热情。压力过小，要想办法给自己找压力，使自己有工作的动力与热情。要学会享受适度的压力。只有在适度的压力下生活、工作，才会有挑战感和斗志，也才能在挑战中获得成功感和满足感。

自信洋溢，提升你的形象

人际交往中，自信起着至关重要的作用。当你充满自信时，他人就会被你的自信所感染，接近你，信任你。相反，如果你缺乏自信，他人就会怀疑你、否定你。

"推销之王"乔·吉拉德认为自信对事业的成败至关重要，他在自传中提到了他刚步入销售行业的一段失败经历，失败的原因就是缺乏自信。

那是圣诞节前的一天，我与休斯敦一家银行的部门经理布莱尔斯进行了决定成交的一次会谈。我很有把握，因为在前几次的会谈中我们聊得很愉快，这次如果没有问题就可以签单成交。

"布莱尔斯先生，请您在这上面签字吧。"我觉得时机已经成熟，就准备把需要客户签字的几张单据从文件夹里抽出，谁知就在这个时候，我突然有点慌乱，内心莫名地紧张起来，这种紧张自然也就通过举动表现出来，我的手变得不听使唤。

布莱尔斯先生看到我的举动后觉得很奇怪，进而充满了疑虑："对不起，吉拉德先生，我想我应该和我的妻子商量一下，再作决定。"布莱尔斯先生找了一个借口。

恐惧依旧没有消失，我只得向布莱尔斯先生告辞。回到家里，我反复考虑这个问题，分析产生恐惧的原因。我最终弄明白了，其实是因为我太希望得到这张订单，进而怀疑自己是否在什么地方犯了错误，于是变得不自信，最终丢掉这张渴望已久的订单。

由于缺乏自信而导致生意失败，这是多么令人惋惜的事情。不过幸运的是，吉拉德发现了自己的问题，并通过演讲训练等方式，不断提高自己的自信心，最终走上了事业的巅峰。

提高自信心，应从以下几个方面做起。

（1）树立自信的外部形象。首先，保持整洁、得体的仪表，有利于增强一个人的自信；其次，举止自信，如走路目视前方等，刚开始可能不习惯，但一段时间后就会有发自内心的自信；另外，注意锻炼，保持健美的体形对增强自信也很有帮助。

（2）扬长避短。在学习、生活、工作中，抓住机会展现自己的优势、特长，同时注意弥补自己的不足，不断进步，增强自信。

（3）与自信的人多接触。

（4）自我心理暗示。不断对自己进行正面心理强化，避免负面强化。

（5）不可谦虚过度。谦虚是必要的，但不可过度，过分贬低自己对自信心的培养是极为不利的。

（6）学会微笑。微笑会增加幸福感，进而增强自信。

（7）给自己定恰当的目标，并在目标达成后，定更高的目标。目标不能太高，否则不易达到，如果达不到，会削弱自信心。

（8）做自己喜欢做的事。做自己喜欢做的事，因为比较投入，所以容易取得成功，继而产生成就感，这非常有利于自信心的提高。

（9）尽量依靠自己。有事尽量自己解决，这能不断激发自身的潜力，并且通过一次次的成功，不断提升自信水平。

（10）保持健康。良好的生理、心理状况会使自己产生幸福感，进而增强自信。

亲和友善，让你更具吸引力

亲和友善既能让认识你的人愿意和你进一步交往，也能让不认识你的人有认识你的愿望，希望和你成为好朋友。

丽娜是位来自大城市的女商人。因为想放慢生活节奏，丽娜便搬到西南部的一个小城镇。尽管她喜欢那个地方和当地的居民，但是她感觉自己不受欢迎。后来，她的同事告诉她，她的衣着和高高在上的态度让当地人不喜欢和她交往。从此以后，丽娜特意穿得很随意，放下身段，真诚地与当地人谈论当地的事情，积极参加当地的社交活动，在这个过程中她试着让自己更加亲和友善，更加容易接近。虽然一开始她很不舒服：不习惯穿布衫，不习惯谈论生活琐事。但是她很快发现，她与新邻居的关系越来越好了。

人际交往中，亲和友善具有很强的人际吸引力，会缩短你与别人的心理距离。那么，怎样做才能使自己成为一个亲和友善的人呢？

（1）平易近人。在和别人交往中，你的服饰、你的肢体语言、你的眼神、你的反应，可以让别人判断你是否容易接近。如果你是一个看上去随和、平易近人的人，别人就喜欢接近你。相反，你高高在上，一副拒人于千里之外的神态，谁愿意接近你呢？

（2）主动问候。“你好”“见到你很高兴”之类的问候语，虽然只有只言片语，但它是你与别人深入交谈的一座桥梁，也是你向别人主动示好的一种方式。向别人示好，别人自然会觉得你很亲切，自然会愿意与你交谈。

（3）耐心聆听。如果你能认真聆听对方的谈话，那么对方会愉快地向你敞开心扉。同时，认真聆听他人的谈话，是尊重他人的表现，别人自然也会尊重你。

（4）缩短距离。如果你想让别人成为自己的朋友，就要想办法缩短你与他人之间的距离，距离缩短了，交谈起来才会自然、随和，彼此才能尽快熟悉和了解。缩短距离的方式很多，寄张贺卡、表示关心、参加聚会等，都可以缩短彼此的距离。

（5）取得共识。想让对方感受你的亲切，就应努力寻找共识，保持话题的一致，因为只有有了共同的话题，彼此才能谈得投合，才能取得共鸣。要做到这一点，就要尽量避免谈论有争执的话题。

（6）密切往来。“疏则远，密则亲。”互动频率越密，就越容易认识和了解人，交往的渠道也就越来越畅通。来往的次数与亲密程度往往成正比。

（7）态度真诚。无论是何种场合的交往，你都要以真诚的态度对待他人。因为只有付出诚心，才能换来真心。

（8）关注对方。谈话时目视对方，交往中体贴对方，使对方感受到亲人般的温暖。

（9）常说“我们”。“我们”和“我与你们”虽然指的是同一群人，但二者给人的感受不一样。“我们”会让人觉得关系密切，从而产生同伴意识，而“我与你们”则有不在同一阵营的感觉。

（10）注意称呼。在称呼上要注意尊老爱幼，称呼同龄人时，不要直呼其名，可以称呼“大爷”“大妈”“老李”“小张”等。

（11）称赞对方。要善于发现对方的优点并予以称赞。称赞是人际交往中的“亲和剂”，适时而得体的称赞，会激起他人的自信心，从而对你产生好感。

（12）赠送礼物。礼物不一定要贵重，但一定要是对方喜欢的。这样，对方会认为你很了解他，由此产生你是他的知己的感觉。

（13）谈吐幽默。言谈风趣诙谐，会增强你的人际吸引力。幽默是增进亲密度的催化剂，也是消除紧张感的一剂良药。

（14）语气柔和。事实证明，柔和的语气能使谈话顺利进行。办事时事先征求对方的意见，有分歧时以商量的方式解决，这都可以使自己的语气变得柔和。

（15）出语谦逊。谦逊是一种美德，适时地说“拜托”“请赐教”“麻烦你了”等话语，表现了你对对方的尊重。

（16）注意细节。与人交往时，可以先从一些细节开始。比如，注意对方的爱好，指出对方穿戴上的变化，记住对方有纪念意义的日子等。这样做，对方会觉得你很在意他、关心他，从而受到对方的礼遇。

优雅的气质来自内心的修炼

气质对个人形象有很大的影响。气质美是长期修炼的结果，这种美不受年龄、服饰和打扮的制约，通过举手投足、接人待物等表现出来。

日本演员高峰三枝子回忆周总理时说："他很有男子汉的风采，胡子刮得青青的，显得很有生气。……是一位具有让所有见到他的人不能不深受感动的魅力的人。"

纽约时报记者哈里森在描写周总理时说："他事无巨细，对人和蔼可亲。"

联合国前秘书长哈马啥尔德于1955年在北京会见周总理后说过一句广为流传的话："与周恩来相比，我们简直就是野蛮人。"

国民党元老于右任说："周恩来先生的人格真是伟大！"

冯玉祥评价周总理说："极精明细密，殊可敬可佩也！"

从他人对周总理的评价我们可以看出，什么是一个人真正的形象美、气质美。这种美既有"胡子刮得青青的"的外在美，也有"人格真是伟大"的内在美。那么，作为职场中的一员，在平时的生活、工作中我们如何培养自己的气质美呢？

（1）悦纳自己。当你悦纳自己时，你就会从内心深处绽放一种美丽，使你无论身处何种场合，都从容不迫、大方得体、潇洒自信，当然会被别人接纳、喜欢，也会无形中增添你的魅力！

（2）腹有诗书气自华。有人提出人生三境界：读万卷书、行万里路、听万人言。“读万卷书”即读有字之书：读哲学书籍，培养大气；读专业书籍，培养才气；读休闲书籍，培养灵气。“行万里路”即读无字之书：行旅游之路，扩大眼界；行探索之路，扩大世界；行助人之路，扩大胸界。“听万人言”即读人书：听苦难之言，磨砺意志；听幽默之言，磨砺情志；听褒贬之言，磨砺心志。达到这三个境界，你的气质就会自然而然地表现出来。

（3）爱护和关心他人。爱护和关心他人是最具吸引力的气质之一，它会使别人为你的气质所折服。

（4）豁然大度，并适时向朋友求助。在交往中，不要因为一点点小事就斤斤计较，要豁然大度。有困难时，可以向朋友求助，他们不但不会轻视你，反而会因你的求助体会到他的重要性。

（5）不卖弄小聪明。卖弄小聪明往往会引起别人的反感，适得其反。

（6）注重仪表。在职场中，必须注意仪表的端庄整洁，切忌不修边幅。

乐观，让你的形象大放光彩

在人际交往中，乐观、积极向上的人具有天生的吸引力，人们会自觉或不自觉地被他们吸引。

心理学家选择了伦敦一家偏僻的小咖啡厅，并在里面安装了录像机。这家小小的咖啡厅内仅有三张桌子，每张桌子都坐着一位心理学家选来的实验人物。这三位实验人物中，一位是心态乐观、热爱生活、身体健康的中年男子；一位是外表英俊潇洒，但是性格忧郁、腼腆、缺乏自信，对人生悲观失望的小伙子；另一位是秃头、只对知识感兴趣的中年男子。

心理学家让他们手拿同样的报纸，不要理睬任何进来买咖啡的陌生人，以便观察陌生人会选择坐在哪一个人的身边。在录像的时间内，共有六个人进来买咖啡并选择在店中喝咖啡。让心理学家惊喜的是，有五位选择了坐在那位心态乐观、热爱生活的中年男子的桌旁，其中有两位还主动跟他打招呼、交谈。这对矜持的英国人来说，并不常见。只有一位漂亮的年轻女性，在犹豫了一会儿之后，选择了坐在那个悲观的小伙子身边。她主动地跟小伙子打了招呼。

心理学家认为，我们无法掩饰的内心世界会在不知不觉中通过我们的形象流露出来，我们也会在无意识中洞察别人的内心世界和他们对待生活的态度。积极乐观的人对他人更具吸引力。所以，在人际交往中，我们一定要保持乐观、积极的心态，让乐观心态外化为阳光形象，用阳光形象去感染、吸引每一个人。

保持乐观心态的方法主要有以下几种。

（1）打扮自己。经常衣冠不整、蓬头垢面，不仅影响情绪，也会使自己处于尴尬的状态。打扮无需穿高档服装，只要“精神”就可以了。

（2）坚持微笑。微笑既可以使自己心情愉悦，也可以感染人。

（3）学习运用幽默。幽默可以使人从容应对许多令人不快、烦恼，甚至痛苦、悲哀的事情。

（4）培养广泛的兴趣。兴趣广泛既能充实生活，也可以保持心情愉快。

（5）多参加有益的文体活动，培养活泼开朗、积极进取的生活态度。

（6）走进大自然。大自然的奇山秀水常能震撼人的心灵，让人心情愉悦。

（7）欣赏音乐。优美的音乐，会使人精神振奋、情绪饱满、信心倍增。

（8）对环境和他人不要提出不切实际的非分要求，告诉自己快乐的核心是自我满足。

（9）假如有挫折、疾病，告诉自己这些都是人生的佐料，快乐地过一天比烦恼地过一年都有意义。

品行美，个人形象永恒的美

品行美是内在的美，是永恒的美。从古到今，人们都推崇品行美。

案例1：据史书记载，东汉时的孟光力气很大，能把练功的石锁轻易举起，被看成是无法管束的蛮婆，加上她极丑，家里人作了嫁不出去的准备。可仍有媒人替孟光与一丑男搭桥，孟光开口道：“我只嫁给梁鸿，其他人都不嫁！”梁鸿是当时的大名士，文采过人，儒雅倜傥。因此孟光对媒人说的话，一时被国人传为笑料。但梁鸿看中孟光的品行，毅然娶了孟光为妻。后来，梁鸿落魄到吴地当佣工，孟光毫无怨言地随同前往。梁鸿每次劳作回家，孟光都把食具举至眉平，再恭恭敬敬地递给梁鸿，二人相亲相爱，白头偕老。

案例2：一个企业要招聘员工，待遇优厚，吸引了许多应聘者。其中一位应聘者看见一位老人坐在轮椅上准备上楼，其他的人都急着去面试，无人顾及这位老人。于是，他停下脚步，把老人送到楼上后，才去面试。最后，这位应聘者被录取了，聘用他的正是那位坐轮椅的老人。老人说：“我录用他，就是从他帮助别人的行为中，看到了他善良的心灵和高尚的品德。”

外表美是一种美，但品行美更具内涵，更让人欣赏、敬重。让我们从平时的点点滴滴做起，在不断的学习、反思和实践中提高自己的修养。

1.学习

（1）向书本学习。作为职场中的一员要不断学习各种知识，在学习中提高认识、增加智慧、沉淀品行。

（2）向他人学习。首先向先贤圣哲和道德模范学习，其次向身边的人学习，每个人都有长处和优点，所以在人际交往中我们一定要用欣赏的眼光看待他人，学习他人的优秀品质和美德。

（3）向生活学习。生活是一面镜子，它既有真善美，也有假恶丑。向生活学习，绝不能让生活中的假恶丑蒙蔽眼睛，只看到生活中不好的一面，而埋怨生活、埋怨人生；向生活学习，要善于发现生活中的真善美，并用真善美激励自己，做一个品行高尚的人。

2.反思

（1）反思自己的一言一行是否符合道德要求。

（2）反思自己是否将所学知识用于实践中，用所学指导实践、指导行动。

（3）反思自己的不足，在正视自己的缺点和错误中修正自己的行为。

3.实践

这里的实践主要指道德实践。

（1）把从书本、他人、生活中学习的成果运用于实践中，并在日积月累中养成自觉的习惯，形成良好的品德。

（2）通过实践，检验自己学习、反思的成果，并在实践中不断再学习、再反思、再实践，循环往复，不断上升。

第二章　言谈举止：优雅得体添魅力

交谈一定要注意谈话礼仪，从而保持和谐的氛围。

与人交谈礼先行

在人际交往中，无论是一般的交际，还是职场中的协商、谈判、推销等都要通过交谈来打动别人。交谈时一定要注意谈话礼仪，如果不注重礼仪，交谈可能就“走入歧途”，甚至会不复存在。

古时候，有个年轻人骑马赶路，眼看天近黄昏，前不着村，后不着店，心里很着急。正好，有个老汉路过，年轻人扬声喊：“老头儿，这儿离客店还有多远？”老汉回答：“五里。”青年人跑了十几里路都没有见到客店的影子，他在暗骂那老汉时突然省悟：哪是“五里”，分明是“无礼”，老汉在责怪他不讲礼貌！于是他马上掉头往回赶，见着那老汉就翻身下马，叫了一声“大爷”，没等他说完，老汉就说：“客店早过了，你要不嫌弃的话，就到我家住一宿吧。”

看来，在人际交往中交谈首先要有礼貌、讲礼仪。那么，如何做到交谈中的讲礼仪呢？

1.态度要诚恳，表情要自然，语气要亲切

不论与谁交谈都应平等相待。与晚辈、下级交谈，不要态度傲慢、居高临下；与上级、长辈交谈，不要卑躬屈膝、低声下气；与客户交谈，应不卑不亢、落落大方。交谈时为了表达需要，可以适当做一些手势，但动作不宜

过大，不要手舞足蹈，更不要用手指着对方讲话。

2.距离要适中

要注意说话时与人保持适当的距离，这并非完全出于考虑对方能否听清自己的说话，还存在一个礼貌的问题。

从礼仪上说，说话时与对方离得过远，会使对方误认为你不愿意向他表示友好和亲近，这显然是失礼的。然而如果在较近的距离与人交谈，稍有不慎就会把唾沫溅到对方脸上，这是最令人讨厌的。所以，保持适当的社交距离，既让对方有亲切的感觉，又不至于“沫溅”对方。

3.话题要“投机”

交谈是双方信息的交流过程，只有双方共同感兴趣的话题出现时，才预示着谈话正趋向成功。因此，谈话应避免以自我为话题中心，自以为是，滔滔不绝，忽视他人。要给别人讲话的机会，可用提问让对方思索并发表见解。谈话中应随时注意对方的反应，观察对方的表情，以判断其对谈话的关注程度。一旦发现对方对话题不感兴趣，应立即调整话题。

4.掌握插话的礼仪

参加别人的谈话要先打招呼，不要随便插入话题。如必须打断，应适时先致歉后插话，不能接过话题就滔滔不绝。插话结束时，要立即告诉对方“请继续讲”。

5.多使用敬语、谦语、雅语

敬语，是表示尊敬礼貌的词语。除了礼貌上的需要外，使用敬语，还可以体现一个人的文化修养。如初次见面称“久仰”，请人原谅称“包涵”，麻烦别人称“打扰”，托人办事称“拜托”，等等。

谦语，是表示谦恭和自谦的词语。谦语最常用的用法是在别人面前谦称自己和自己的亲属。例如，称自己为“愚”，称自己的哥嫂为“家兄、家嫂”等。

雅语，是指一些比较文雅的词语。雅语常常在一些正规的场合使用，如招待客人时说“请用茶”“请大家慢用”等。

6.礼貌结束

谈话结束时，不要不告而别，如果是与多人交谈，结束后应一一告辞。告辞语应简洁，不要重复已说过的话题，更不要提出新的话题。

真诚的赞美

与人交谈时要营造良好的交谈氛围，除了轻松、亲切、自然外，很重要的一点是对交谈对象的赞美。真诚的赞美，不仅能使人的自尊心、荣誉感得到满足，更能让人感到愉悦和鼓舞，从而对赞美者产生亲切感，相互间的交谈氛围也会大大改善。

有一次，卡耐基到邮局去寄一封挂号信。人很多，卡耐基发现那位管挂号的职员对自己的工作已经不耐烦了，也许是他今天碰到了什么不愉快的事情，也许是年复一年地干着单调重复的工作早就烦了。因此，卡耐基对自己说：“我必须说一些令他高兴的话。他有什么值得我欣赏的吗？”稍加用心，卡耐基就在他身上看到了值得欣赏的一点。因此，当他在接待卡耐基时，卡耐基很真诚地说：“我真的很希望有您这种头发。”对方抬起头，有点惊讶。“嘿，不像以前那么好看了。”他谦虚地回答。卡耐基说：“虽然你的头发失去了一点原有的光泽，但仍然很好看。”他高兴极了，双方愉快地交谈起来。

这就是赞美的力量！所以，和人交往时不要忘记适时地赞美他人。

1.赞美的作用

（1）激发潜能。出于寻求理解、支持与鼓励的需要，爱听赞美是一种正常的心理。人们总是自觉不自觉地在他人那里寻找自身存在的价值，内心深处都有被重视、被肯定、被尊敬的渴望。当这种渴望得到实现时，人的许多潜能和真、善、美的情感便会被奇迹般地激发出来。

卡耐基小时候是一个非常淘气的男孩子。他的继母在他九岁时来到了他们家。父亲向继母介绍卡耐基时，让继母提防这个坏孩子，出乎意料的是，继母竟微笑着走到卡耐基面前，托起他的头看着他，接着对丈夫说：“你错了，他不是坏家伙，而是最聪明的小孩，但还没有找到发泄热忱的地方。”继母说得卡耐基心里热乎乎的，几乎要掉眼泪了。继母这句话，成为激励他不断上进的一种动力，使他日后创造了成功的二十八项黄金法则，让千千万万个普通人走向成功。

（2）化解矛盾。当交际双方在认识上、立场上有分歧时，适当的赞美不仅能化解矛盾、克服差异，更能促进理解、加速沟通。

（3）良言一句三冬暖。英国赫尔大学的研究者发现良言能提供足够的能量，帮助人们战胜抑郁情绪。

该研究的主要负责人欧文·基尔希教授在接受《生命时报》记者的采访时讲了一个案例：青年约翰情绪极端低落，感觉生活没有意义，以致无法继续学业。约翰的父母将他送到了医院，在那里他认识了基尔希教授。教授并没有给他开任何药物，而是每周固定用两天陪他在花园里散步聊天。“我们的谈话没有固定的主题，只是随意地闲谈，不过我所说的都是如何积极生活、乐观面对挫折之类的话。”基尔希教授告诉记者，半年之后，约翰的不良情绪完全消失了，并且能够主动从积极的角度思考问题，人也更有自信了。基尔希教授通过实践研究认为，良言能够使人增强自信、排遣压力、消除寂寞。但基尔希教授同时强调，要想良言真正发挥温暖人心的作用，就要尽量面对面聊天，不要使用手机、网络聊天工具和电子邮件。

2.赞美的技巧

（1）因人而异。要根据不同的人的具体特点，运用不同的赞美语言。人的长相有美丑之分，能力有高低之分，年龄有长幼之分，因人而异、突出个性的赞美比一般化的赞美能收到更好的效果。对老年人，可多称赞他引以为豪的过去；对年轻人，不妨称赞他的创造才能和开拓精神；对经商的人，可称赞他头脑灵活、生财有道；对知识分子，可称赞他知识渊博；等等。

（2）情真意切。赞美他人要基于事实、发自内心，切不可虚夸。只有恰当的赞美，才会使对方开心。不切实际、胡编乱造的赞美，不仅不会达到好的效果，反而会让对方觉得你油嘴滑舌，甚至是讥讽对方。比如，一位其貌不扬的小姐，你见到她时却说“你真是太美了”，对方会觉得你是在讥讽她的长相，这样会伤害她的自尊心，令她对你产生非常坏的印象；如果你从她的内在修养出发，夸她有气质等，她肯定会欣然接受，并对你产生好的印象。所以，在日常交际中，一定要善于发现对方的优点，并且发自内心地称赞对方，这样你和对方的关系会更加和谐。

（3）翔实具体。在日常生活中，人们有非常显著成绩的时候并不多见。因此，交往中应从具体的事件入手，善于发现对方哪怕是最微小的长处，并不失时机地予以赞美。赞美用语越翔实具体，说明你对对方越了解，对他的长处和成绩越看重。如果你只是含糊其辞地赞美对方，说一些“你工作得非常出色”或“你是一位卓越的领导”等空泛的话语，不仅达不到赞美的作用，反而会产生不必要的误解和信任危机。

（4）间接赞美。所谓间接赞美就是借第三者的话来赞美对方，这样比直接赞美的效果往往要好得多。比如你见到某甲，对他说：“前两天我和某乙谈起你，他对你推崇极了。”无论事实是否真的如此，他对你的感激肯定会超乎你的想象，如果碰巧某乙又是某甲平素很敬重的人，那么他对你的感激就会更深。间接赞美的另一种方式是当事人不在场时进行赞美，这种方式有时比当面赞美所起的作用更大。一般来说，背后的赞美都能传达给本人，这除了能起到赞美的作用外，更能让被赞美者感到你对他的赞美是真诚的，因而能增强赞美的效果。

（5）雪中送炭。最需要赞美的不是那些早已功成名就的人，而是那些有自卑感或身处逆境的人。他们平时很难听到赞美的话语，一旦被人当众真诚地赞美，便有可能振作精神、大展宏图。因此，最有实效的赞美不是“锦上添花”，而是“雪中送炭”。

（6）有新意。陈词滥调的赞美，会让人索然无味；新颖独特的赞美，则会令人回味无穷。

周女士是某大企业的法人。她把企业经营管理得非常好，业内人士都称她为“铁娘子”。一记者前去采访时对周女士说：“董事长，大家都认为您善于管理，我倒是认为您身上更具有传统女性的魅力，善良、心细。”听到这番赞扬，周女士非常高兴。

记者的这番话得到周女士的好感，是因为她听到对管理水平高的赞美太多了，而这位记者称赞她的为人让她感到新颖。

此外，赞美不一定总用一些固定的词语，见人便说“……好”。有时，投以赞许的目光、做一个夸奖的手势、送一个友好的微笑也能收到意想不到的效果。

掌握说话的分寸

有个人请客，眼看时间到了，还有一大半的客人没来。主人心里很焦急，便说：“怎么搞的，该来的客人还不来?”一些敏感的客人听到了，心想：“该来的没来，那我们是不该来的了?”于是悄悄地走了。主人一看走掉好几位客人，越发着急了，便说：“怎么这些不该走的客人，反倒走了呢?”剩下的客人一听，又想：“走了的是不该走的，那我们这些没走的倒是该走的了!”于是又都走了。最后只剩下一个跟主人较亲近的朋友，看到这种尴尬的场面，就劝他说：“你说话前应该先考虑一下，否则说错了，就不容易收回来了。”主人大叫冤枉，急忙解释说：“我并不是叫他们走哇!”朋友听了很生气，说：“不是叫他们走，那就是叫我走了。”说完，头也不回地离开了。

实践证明，正确把握好说话的分寸，不但能够给自己增添魅力，赢得人缘，还会赢得更多走向成功的机会。那么，如何才能掌握好说话的分寸呢?

1.掌握说话的时机

无论说话的内容多么精彩，如果时机掌握不好，也无法达到说话的目的，因此，应该选择适当的说话时机。

单位的几台电脑都老化了，影响办公效率。办公室主任建议领导买一些新的进行更换，可几次提出来领导都不同意，说旧的还能用，不要太浪费。一日，上级主管部门来单位检查工作，临时需要从电脑中调一些资料出来，可气人的是单位的几台电脑不是坏了，就是运行太慢。领导不停地念叨："这不是误事嘛。"

检查结束后，办公室主任又适时地提出更换电脑一事，这时领导欣然同意。

这是因为办公室主任掌握了说话的时机，所以最终达到了更换电脑的目的。

2.注意说话的场合

不看场合，随心所欲，想到什么说什么，这是"不会说话"的一种表现。在不同的场合，面对不同的人、不同的事，从不同的目的出发，就应该说不同的话，用不同的说话方式，这样才能收到理想的交谈效果。

一家公司规模颇大，求职者络绎不绝。一天，张女士前去应聘，她很快就被这家公司的招聘官相中，招聘官让她马上办理相关手续。不料张女士在满心喜悦之余问了一句实在不应该问的话："我能否过完节再来上班？"结果，招聘官表示她不再被录用。张女士一头雾水，要求给个说法，招聘官则借故走开。随后，公司有关人员明确告诉张女士："我们公司永远不会录用在不恰当的场合说出不恰当话的员工。"

这家公司的做法虽然有些偏激，但也提醒我们说话要注意场合。

3.掌握说话的技巧

说话要注意轻重、曲直、明晦，说话要学会沉默，此时无声胜有声；说话要注意礼节，礼貌周到，自然大方；等等。

4.注意说话的禁忌

（1）莫谈隐私。涉及个人隐私、避讳的内容不要谈论，对方不希望提及的事情不要谈论。

（2）莫提伤心事。不要和对方提起个人所受过的伤害，如家人去世等，也不要为了满足自己的好奇心而追问不休。

（3）莫聊有争议的话题。在不是很清楚对方立场的时候，应避免谈论有争议的敏感话题，如宗教、政治、党派等，以免双方陷入僵持的局面。

另外，还要注意谈话对象的年龄、身份和背景等。

一次，某大学几个即将毕业的研究生到某机关联系就业事宜。接待他们的老局长解释说，机关的许多部门编制有限，个别的可以考虑接受，几个人都来就不好安排，因为名额很少。听了这番话，一位女研究生感叹："有些老家伙早该退休了，就是赖着不走……"这么一说，老局长的脸色变得很难看。老局长年近六十，应属于女研究生所说的"老家伙"之列，他也在为离休的事情发愁，听到此话，当然会不高兴。

幽默的谈吐

谈吐幽默是一个人智慧的表现，在人际交往中，幽默是人与人之间最有效的润滑剂。幽默的语言，能使社交气氛轻松、融洽，利于交流；还可以寓教育、批评于幽默之中，具有易于接受的感化作用。

2006年毕福剑来银川担任“颐安杯”主持人大赛的评委时，出现了一个小插曲。一名选手被淘汰出局，她忍着不让自己的眼泪流出来。这时毕福剑告诉她：“不要忍着，哭出来吧，憋着容易把眼睛憋小。我从小就刚强，有眼泪就憋着，所以把眼睛憋小了。”此话一出，全场沸腾。刚说完这句话，现场突然停电了。来电后，他说：“来银川一说话，就把灯泡说憋了。”这话还没落地，电又停了。等又来电后，他说：“不能再说了，不然全场的灯都憋了。”

那么，怎样说话才能具有幽默感呢？

1.用好歇后语

歇后语一般只需把前半截的比方说出来，将后半截的解释隐去，让对方自己去体会。

2.正话反说

正话反说不仅能解除自己的困境，还可以起到讽刺他人、表达自己观念的作用。陈赓在上海养伤时被叛徒出卖，不幸被捕。蒋介石很高兴，下令速押南京，他准备在这位救过他命的黄埔军校一期学生的身上，做一篇绝妙的反共文章。无奈陈赓软硬不吃，蒋介石不得不亲自出马。一见面，蒋介石便装腔作势，以校长的口气训道：“你呀，这么长时间了，还是那个倔脾气，一点都没变。”陈赓不露声色地回敬说：“是呀，我可比不上你。这么多年，你就是名字未变，其他都变了！”

3.妙语双关

在特定的语言环境里，利用词的多义、同音等条件，用一个词语去关联两种不同的事物，使语句具有双重意义。抗日战争期间，有个灵谷老人利用汪伪政府成立的机会，送给汪精卫一副祝贺的对联：昔怀盖世之德、今有罕见之才。这里的“盖世”与“该死”、“罕见”与“汉奸”均为谐音，真是绝妙的嘲讽。

4.含而不露

含而不露，话中有话，意在言外。丘吉尔有一次在公开场合演讲，台下递上来一张纸条，上面只写着两个字：笨蛋。丘吉尔知道台下有反对他的人等着看他出丑，于是便神色轻松地对大家说：“刚才我收到一封信，可惜写信人只记得署名，忘了写内容。”

5.自我解嘲

在某俱乐部举行的一次招待会上，服务员倒酒时，不慎将啤酒洒到一位秃头宾客的头上。服务员吓得手足无措，全场人目瞪口呆。这位宾客却微笑着说："老弟，你以为这种治疗方法会有效吗？"在场的人闻声大笑，尴尬局面立刻被打破了。这位宾客借助自嘲，既展示了自己大度的胸怀，又维护了自我尊严。

6.以子之矛，攻子之盾

有这样一则民间故事：巧姑很聪明能干。张老汉为有这样的媳妇而高兴，就在大门上写了几个大字：万事不求人。知府老爷看到后，觉得张老汉不把他放在眼里，就派人把张老汉抓来，要他在三天内办三件事，其中一件是找出一头大公牛生的牛犊。过了三天，知府来了，要张老汉出来拜见。巧姑走上前说："禀大人，我公公没在家。"知府喝道："他敢逃跑。"巧姑道："他没有逃，是生孩子去了。"知府感到很奇怪，说："世上只有女人生孩子，哪有男人也生孩子的？"巧姑马上反驳："既然男人不能生孩子，为什么又要公牛生牛犊呢？"知府一时无言以对。

7.语言倒置

语言倒置主要指语言的结构倒置，包括顺序倒置——数字或字词颠倒顺序；引用倒置——否定性地引用对方的言语，等等。冯达诺是19世纪德国著名的小说家兼诗人。他在柏林当编辑时，收到一位青年寄来一首没有标点的诗，附言："我对标点向来不在乎，需要时自己填吧。"

冯达诺随即将稿件退回，并附言：“我对诗向来不在乎，你光寄标点就好了，诗由我来填。”

8.比喻形象

有人问一位采购员：“采购工作好不好？”他这样回答：“出门是兔子，办事是孙子，回来是骆驼。”“兔子”是指出门为了抢时间得快；“孙子”是指为了买到所需货物不惜向他人求情；“骆驼”是指回来的时候要办好货物托运。他用形象的比喻说明采购工作是个吃苦受累的活。

幽默是一种艺术，幽默是一种智慧，它让人心情愉悦，又让人关系融洽。

倾听，是你给别人最好的礼物

英国管理学家威尔德说：“人际沟通始于聆听，终于回答。”没有积极的倾听，就没有有效的沟通和人际交往。

倾听，是人们建立和保持关系的一项最基本的技巧。在人际交往中，倾听的作用尤为突出。接待员要弄清楚来访者希望见谁，销售员要了解客户的心理需求，下属要理解领导的真正意图……这些都离不开倾听。

1965年，日本经济低迷，市场环境很不好，松下幸之助的销售行与代理店受到严重影响，全部陷入困境。为了改善情况，他决定彻底改变销售体制，这一举动遭到了部分销售行与代理店的反对，而且反对的声浪日渐高涨。

在这种情况下，松下幸之助召集了一千二百家销售行的负责人进行商议。为了更好地倾听反对者的声音，更有效地与他们沟通，会议一开始，他就说：“今天开这个会，是想知道大家关于变革销售体制的想法。请大家各抒己见。”说完，松下幸之助就请那些持反对意见的负责人发表意见。在他们发表意见时，他则静静地坐在一旁倾听。等到所有人的发言都结束后，他才详细地说明新的销售方式推行的目的及方法。令人惊讶的是，这一次，那些销售行的负责人并没有站出来反对这一改革，反而对新方案表示理解与支持，同意推行。

应该说，这次会议的成功更多的是倾听的成功。通过倾听，松下幸之助表达了他的尊重与理解，消除了反对者的不满，同时也赢得了他们的理解与支持。

倾听是一种礼貌。只有用心倾听，我们才能获得说话者所要表达的完整信息，也才能让说话者感受到我们的理解与尊重。那么，如何做到有效的倾听呢？

1.心胸开阔

与人交谈时要抛弃那些先入为主的观念，否则会导致我们按照自己的主观愿望来听取对方的谈话。这样做的结果往往就是听到的信息变形地反映到自己的头脑中，导致接受的信息不准确，判断失误，从而造成选择上的失误。因此，我们要心胸开阔，正确理解对方谈话的信息，把握对方谈话的重点。

2.全神贯注

面带微笑，集中全部注意力，凝神静气地去听。在这种情况下，对方一定会知无不言，言无不尽。当你认真倾听对方的谈话时，对方会觉得自己被尊重、被重视。

3.适度表达

（1）倾听的过程中要运用眼神、表情等非语言手段表示自己在认真倾听。尽可能以柔和的目光注视对方，并通过点头、微笑等方式及时对对方的谈话作出反应；也可以不时地说“是的”“明白了”“继续说吧”“对”等语言来表示自己在认真倾听。

（2）如果对对方谈到的内容比较感兴趣，可以先点头，然后简单地表明自己的态度，最后再说“请接着说下去”“这件事你觉得怎么样”等，这样会使对方谈兴更浓；如果对对方的谈话不感兴趣，可以委婉地转换话题，如“我想我们是不是可以谈一下关于……的问题”等。

（3）倾听过程中要注意对方说的内容，最好能够在对方讲完后简单地复述一遍，这样可以让对方感受到你在认真倾听，同时也确保理解了对方所讲的内容。

4.约束行为

（1）交谈过程中要少讲多听，不随意打断他人的讲话，也不要抢着表达自己的观点。

（2）倾听时不要挑对方的毛病，不要当场提出自己的批判性意见，更不要与对方争论，尽量避免使用否定别人的回答或评论式的回答，如“不可能”“我不同意”“我认为不该这样”等。

（3）不要显示出不耐烦的样子。

无声的表情，得体的表现

人际交往中，表情可以真实地反映人的内心世界。表情的流露要因时、因境自然适度：不能面无表情，亦不能表现过头。

2012年8月26日，陕西延安境内包茂高速发生惨烈车祸，三十六人遇难。8月27日，有网友在新华社拍下的现场图片中发现竟然有一位当地官员在事故现场“傻笑”。这张照片很快在网络中传开，网友们对此表示了极大的愤慨。在强大的“人肉搜索”下，这位官员很快成为“8·26”特大交通事故的焦点人物，“微笑哥”的称号也随之流体。

看来，表情一定要根据时间、场合流露得当。否则就会像“微笑哥”一样引起公愤。

（1）自然真实。不同场合、不同情境中，人的喜怒哀乐等情绪变化要因时、因境自然流露，不可过分夸张或矫揉造作，那样会令人感到虚伪；也不可“一脸死相”，不管什么场合都毫无表情，那样会使人感到压抑。

（2）面部表情和口头表达协调一致。不能口头表达的是一套，面部表情却是另一套。无论是面部表情还是口头表达都要准确鲜明地反映自己内在的思想感情。

（3）少露负面表情。为了有效地传递信息、交流感情，要尽量避免傲慢、讥讽、沮丧等负面表情。

用微笑感染他人

微笑是一种令人愉快的面部表情，能有效地缩短人与人之间的心理距离，给对方留下良好的印象，从而形成融洽的交往氛围。因此，有人把笑容比作人际交往的润滑剂。

希尔顿饭店是世界上最负盛名的饭店之一。董事长唐纳·希尔顿认为：是微笑给希尔顿饭店带来了繁荣。为什么希尔顿这么重视微笑呢？许多年前，一位老妇人在希尔顿心情不好的时候去拜访他，希尔顿不耐烦地抬起头，看见的却是一张微笑的脸。这张笑脸的力量是那么不可抗拒，希尔顿立即请她坐下，两人开始了愉快的交谈。从此，他把微笑服务作为饭店的宗旨。

希尔顿总结说："微笑是最简单、最省钱、最可行、也最容易做到的服务，更重要的是，微笑是成本最低、收益最高的投资。"因此，他要求员工不管多么辛苦、多么委屈，都要用真诚的微笑对待客户。即使是在20世纪30年代的大萧条中，各行各业的人脸上都挂着愁云，希尔顿饭店的员工仍然用自己的笑容给每位客户带去阳光。大萧条过后，希尔顿饭店率先进入了繁荣期。

在与人交往时，请记住带上你的微笑。一旦你展现出真诚温暖的笑容，你就会发现，生活从此会变得更加美好，而人们也乐于享受你的微笑并给予你真诚的回报。

一家公司让员工去政府某部门拿一份重要的材料，结果去的人都被部门科长骂了回来。老板把这个任务交给了小李，小李也发愁，但这份材料不拿不行，他就去了。到那儿后，提起材料，那位科长还是破口大骂。小李在科长的责骂中，只是点头微笑，在微笑的同时嘴里轻轻地说："噢？这样呀？是吗？"在科长骂了一阵后，小李说："科长，你表达内心愤怒的心情我完全理解。"科长看了看小李说："嗯。你理解我，我也不为难你了，你就拿回去吧。"就这样别人没有拿到的材料，小李却拿到了。

看来，微笑的作用还真大！那么，人际交往中如何做到时时微笑呢？

（1）充满自信。面带微笑，表明对自己的能力很有信心。

（2）保持心情愉快。心情愉快才会自然地面带微笑。

（3）亲和友善。亲和友善者会自然流露出微笑。

（4）让微笑发自内心，自然得体，不宜太夸张。要防止生硬、虚伪、笑不由衷。

（5）保证充足的睡眠。睡眠好才能以良好的精神状态对待他人，才能向他人展示笑容。

（6）练习微笑。将"前"反复读几遍，会发觉发音时嘴形似微笑。每天面对镜子练习，直到满意并习惯为止。

用眼神交流心声

眼睛被称为心灵的窗户，印度诗人泰戈尔说：“一旦学会了眼睛的语言，表情的变化将是无穷无尽的。”这说明眼神的表现力是极强的，是其他举止无法比拟的。

我在大学任教，工作稳定，收入尚可。这学期课少，我很想再找份工作补贴家用并体验生活。选定一家自认为比较合适的杂志社后，我出发了。大包里塞满了各种杂志，那上面有我的文章。

到达杂志社后，接待小姐一看我摊在桌上的各种杂志，不由得惊叹：“哇，这么多!”我敢肯定，在所有应聘者中我一定是一枝独秀的，便毫不犹豫地在报名表的期望月收入栏里填了三千元。小姐没有将我的表压在厚厚的一摞表下面，而是直接送进了里间，几分钟后，总编唤我。他问了我几个问题，我自觉回答还算妥当。然后便回家等电话了。可是几周后，我都没有等来消息，然后我开始寻找第二家、第三家单位，而至今我除了偶尔上课外，还整天待在家里看电视。

我很困惑，就询问一个朋友我失败的原因。他听完后思考了一会儿说：“你败在眼神上。第一，因为你有职业、有收入，在应聘前已经留有退路，所以你的眼神里没有对眼前职位狂热的渴望。第二，因为你认为自己能力最强所以要价较高，这时，你的眼神里必定含着傲慢，外在表现就是轻视制度，而制度恰恰是成功的保证，领导是没有办法容忍一个才华横溢又傲慢不羁的下属的。”我恍然大悟，看来眼神也决定着求职的成功与否。

那么，不同的场合下，如何运用好自己的眼神呢？

1.不同场合、不同情况，眼神的运用

（1）见面时，不论是熟悉的人，还是初次见面的人，不论是偶然见面，还是约定见面，眼睛要大睁，正视对方片刻，面带微笑，显示出喜悦、热情的心情。对初次见面的人，还应头部微微一点，行注目礼，表示出尊敬和礼貌。

（2）在集体场合，开始发言时，要用目光扫视全场，表示“我要开始了，请注意”。

（3）在与人交谈时，应当不断通过目光与对方交流，调整交谈的气氛。交谈中，应始终保持目光的接触，这表示对话题很感兴趣。但应当注意，交流中的注视，不是紧紧盯住对方的眼睛，这种逼视的目光是失礼的，也会使对方感到尴尬。交谈结束时，目光要抬起，表示谈话的结束。道别时，仍注视对方的眼睛，面部表现出惜别的深情。

在掌握并正确运用目光语言的同时，还应当学会“阅读”对方目光语言的方法。从对方的目光变化中，分析他的内心活动和意向。随着交谈内容的变化，目光和表情和谐统一，表示很感兴趣，谈兴正浓。对方的目光长时间地中止接触或游移不定，表示对交谈不感兴趣，交谈应当尽快结束。交谈中，目光乜斜，表示鄙夷；目光紧盯，表示疑虑；偷眼相觑，表示窘迫；瞪大眼睛，表示吃惊；等等。目光语言是千变万化的，但都是内心情感的流露。学会阅读并分析目光语言，对社交活动的进行有着重要的意义。

2.眼神礼仪规范

（1）接触时间。与人交谈，视线接触对方脸部的时间应该占全部谈话时间的30%到60%，超过这一数值被看作是对谈话者本人比谈话内容更感兴趣，低于这一数值则说明对谈话者和谈话内容都不感兴趣，因此要把握好这一时间度。长时间凝视对方会被认为是对私人空间或势力范围的侵犯，是不礼貌和挑衅的行为；完全不看对方，则是傲慢无礼的表现，或者试图掩饰什么，如害怕、慌张等。

（2）停留部位。从视线停留的部位可以反映出三种人际关系状态：一是视线停留在两眼与胸部的三角形区域，被称为近亲密注视，多用于朋友间的交谈；二是视线停留在双眼和嘴部之间的三角区域，被称为社交注视，是社交场合常见的视线交流位置；三是视线停留在对方前额的一个假定的三角形区域，称为严肃注视，能制造紧张气氛。如果你的视线停留在这一区域，就会使对方感觉到你有正事要谈。

（3）眼神变化。眼神变化能够准确地传递某种信息。不同的视觉方向会表达不同的含义，如仰视表思索、俯视表忧伤、正视表庄重、斜视表蔑视等，不可随便使用。此外，眼神的变化要与有声语言有机地结合在一起。

五官中，眼睛最能有效地表情达意。在社交活动中，眼神运用要符合一定的礼仪规范，否则很容易被人视为无礼，给人留下坏印象。

站有站相，坐有坐相

某公司结合安全月教育活动进行了一场安全知识竞赛。经过初选，四个分公司进入决赛。决赛在公司大礼堂举行。四个进入决赛的队伍依次走上主席台，呈弧形坐开。当队员走上主席台向台下观众致意时，大家对她们报以热烈的掌声。比赛开始不久，台下人就低头窃窃私语：台上的个别选手，不注意着裙装时的基本规范，春光外泄。

所以，一定要“站有站相，坐有坐相”。当然“站有站相，坐有坐相”泛指一个人的举止，而举止礼仪则涉及手势、坐姿、行姿和站姿等。

1.手势

规范的手势应当是手掌自然伸直，掌心向内向上，手指并拢，拇指自然分开，手腕伸直，使手与小臂形成一条直线，肘关节自然弯曲，大小臂的弯曲以140°为宜。

做手势时，要讲究柔美、流畅，幅度、速度自然、协调，避免僵硬死板，同时配合眼神、表情，使手势更协调大方。

（1）基本手势

①垂放。双手自然下垂，掌心向内，分别贴放在大腿两侧。

②持物。拿东西时应动作自然，用力均匀，不宜翘无名指和小指。从长者手中接过物品时应用双手。

③鼓掌。右手掌心向下有节奏地拍击掌心向上的左手。必要时应起身站立。

④指示。适用于引导来宾指示方向的手势，右手或左手抬至一定高度，五指并拢，掌心向上以肘部为轴，朝一定方向伸出手臂。

（2）手势禁忌。不同的手势在不同国家、不同地区表示不同的含义，要注意不同场合下的不同运用。禁止在他人面前抓头皮、掏耳朵、剔牙等。

2.站姿

基本要求是头端、肩平、胸挺、腹收、身正、腿直、手垂。对男士的要求是稳健，对女士的要求则是优美。

（1）男士的立姿。一般应双脚平行，大致与肩同宽，最好间距不超过一脚之宽，全身正直，双肩稍向后展，头部抬起，双臂自然下垂伸直，双手贴于大腿两侧。

（2）女士的立姿。应挺胸收颌，目视前方，双手自然下垂。双脚跟并拢，脚尖分开，两脚尖相距十厘米，约45°角呈V型，也可重心置于一脚上，一腿略向前伸。

3.坐姿

入座要轻盈、和缓、从容自如。与他人一起入座，要讲究先后顺序、礼让尊长。正式场合讲究“左进左出”。就座时应转身背对座位，右脚后移半步，待腿部接触座位边缘后轻轻坐下。落座后上身保持正直；头平正，不可歪肩膀、含胸驼背。两臂可弯曲放于桌上或椅子扶手上。也可搁在双膝上，双腿间距和肩宽大致相等，两脚自然着地。要移动位置时，应先把椅子放在应放的地方，然后再坐。

着裙装的女士入座时应先用双手拢裙，然后坐下。坐下后不应坐满座，占座位2/3即可。挺直上身，头部端正，目视前方或交谈对象。一般情况下不可身靠座位的背部。上身与大腿、大腿与小腿均成直角，双腿最好并拢。女士着裙装，双腿斜放以与地面构成45°角为最佳。双脚应自然下垂置于地面，脚尖应朝正前方或侧前方。正坐时，双手应掌心向下，放在大腿上或身前的桌子上。

坐姿禁忌：坐下后不能双手抱于头后或将头向后仰靠。就座后不能两手叉腰、两臂交叉在胸前或摊开在桌上。不能摆弄手指或茶杯，也不能做各种小动作。避免双手夹于大腿之间。将一条腿翘在另一条腿上要脚尖内收。不要将一只脚交叉到另一只脚上。入座后不可摇摆双腿。无论男女入座后两腿都不要分开太大，尤其是女性，穿裙子可采用侧坐姿势，但答礼时一定要正坐。

4.行姿

在行走时，双眼平视前方，头部端正，挺胸收腹，背、腰、膝部避免弯曲，身体稍向前倾，重心落在前面一只脚的脚掌上，使身体看上去形成一条直线，避免声响过大或八字脚。

男性走路应昂首、闭口、两眼平视前方、挺胸收腹、直腰。行走间上身不动，两肩不摇，步态稳健。

女性走路应头部端正，不宜抬得过高；目光平和，直视前方；行走间上身自然挺直，收腹，两手前后摆动幅度要小，两腿尽量用力向上伸直舒展。走路要小步，走成直线，步态要自如、轻柔。

5.蹲姿

拾取低处的物件时，应保持大方、端庄的蹲姿。一脚在前，一脚在后，两腿向下蹲，前脚全着地，小腿基本垂直于地面，后腿脚跟提起，脚掌着地，臀部向下。

解析肢体语言

肢体语言又称身体语言，是指经由身体的各种动作代替语言以达到表情达意的目的，如鼓掌表示兴奋、顿足代表生气、搓手表示焦虑、垂头代表沮丧、摊手表示无奈、捶胸代表痛苦……

心理学家认为肢体语言大都发自内心深处，是一个人真情实感的真实表露，极难压抑和掩盖。例如，做了亏心事或偷了东西的人总显得心神不定或鬼头鬼脑；听到好消息时，脸上总要露出笑容；听到批评时，脸色总会显得不自然；说谎时，总怕看着对方的眼睛；激动时，总要手舞足蹈；发怒时，总要青筋暴起，或双拳紧握、咬牙切齿。

因此，准确地解读别人的身体语言和善用自己的身体语言，对我们了解别人、传递信息和作出准确判断都极为重要。

1.解读常见身体语言

开放与接纳：咧着嘴笑；手掌打开；双眼平视。

配合：谈话时，身体前倾，坐在椅子边缘；全身放松，双手打开；解开外套纽扣；手托着脸。

自信：抬高下巴；坐时上半身前倾；站立时抬头挺胸，双手背在身后；手放在口袋时露出大拇指；掌心相对、手指合起来呈尖塔状；翻动外套领子。

紧张：吹口哨；抽烟；坐立不安；以手掩口；使劲拉耳朵；绞扭双手；把钥匙等弄得叮当响。

缺乏安全感：捏自己的皮肤；咬笔杆；两个拇指交互绕动；啃指甲。

挫折：呼吸急促；紧握双手不放；拨头发；抚摸后颈；握拳；绞扭双手；用食指点物。

防卫：双臂交叉于胸前；偷瞄、侧视；摸鼻子；揉眼睛；笑时紧闭双唇；紧缩下巴；瞪视；双手紧握；说话时指着对方；摩拳擦掌；双手交握放在后脑勺，整个人向后靠在椅背上。

胳膊交叉。暗示反对、不认可。这表示对方根本没在听你说，或者对你的观点持怀疑态度。对业务员来说，这意味着拒绝，此时最好调整策略或另作打算。

摩擦鼻子。该动作和欺骗相关。如果说话时，对方摩擦自己的鼻子，就可以断定他没有诚意。

皱眉撅嘴。当人心理或身体上的私人空间受到侵犯时，会出现不适感，由此产生这种反感的表情。此时，要么拉开与对方的身体距离，要么岔开当下的话题。

手托下巴。表示当事人正在作决定。此时不可滔滔不绝地与其交谈，这会惹对方厌烦。

抓脖挠背。或许当事人身上有点痒，但更有可能是他还有疑问和顾虑。

脚尖冲门。该动作暗示离开的迹象。无论对方表面看起来多么热心或专注，实际上他已经拿定主意要从这桩生意中脱身了。

双手相碰。这个动作是为了引起你的注意，想和你建立进一步的关系。这时，别用居高临下的姿态打消对方的热情，最好趁热打铁。

2.解读身体语言为我所用

如果你希望给别人留下好印象，就必须控制负面的身体语言，避免行为和言语出现矛盾，让别人产生不信任甚至敌意。

此外，也要随时注意对方身体发出的信息，解读他们真正的想法。以下几种情境，可提示你如何借用身体语言达到目的或解决问题。

（1）孩子放学回家时，带回来一个你从未见过的玩具。他告诉你这是朋友送的，你却不信，担心玩具可能是他“顺”回来的。怎么办呢？

有些人说谎时不动声色，单调地陈述理由，以免败露；还有些人说谎时会结巴，回避目光接触，坐立不安。

如果你希望孩子爽快地认错，提问时，别忘了要求他的眼神正视你，缓缓拉近距离并握住他的手，解除他的防备和紧张。这种亲密互动能加深孩子因说谎带来的不安，为了纾解压力他会愿意吐露真相。当孩子承认错误后，别忘了夸奖他的诚实。如果父母揭穿谎言后立刻动怒，孩子便会认为说实话不是好事，从此不再愿意认错。

（2）有一个新工作的面试机会，你跃跃欲试，但对手也很强，于是，你非常紧张，希望能给主考官一个好印象。你该怎么做呢？

从见到主考官的那一刻，你就必须留意自己的身体语言：微笑并直视对方，如果他回以微笑，表示你有一个好的开始；假如对方面无表情，也不要使自己的焦虑流露出来。请注意眼神的接触，正面响应主考官的身体语言，突破他的防线：他紧绷着脸，你就面露微笑；他姿势僵硬，你就放松。

记住，别交叉手臂，也不要跷二郎腿；双脚略为平行，正对主考官而坐。双手自然下垂或置于膝上，眼睛平视，不要乱瞄或东张西望。入座后稍向前倾可以给人积极的印象，但别太靠近免得造成压迫感，如果注意到主考官不自觉后退，试着放松，微微向后靠。

第三章　同事相处：有礼有节赢人缘

和同事相处，始于招呼，止于招呼，打招呼是基本礼仪。

一声招呼，开启一天新工作

每天一上班，遇见同事的第一反应是打招呼：早！早上好！打招呼既是礼貌，又昭示着大家要一起投入新的工作。上班途中，有事外出，给同事打一声招呼，既是尊重，必要时也便于大家联系。下班时，和同事打一声招呼，既是道别，也标志着一天辛勤工作的结束。所以，和同事相处，始于招呼，止于招呼，打招呼是基本礼仪。

张杉和李启是同时进入单位的新人，刚到单位时，大家觉得这两个小伙子都不错，但过了一段时间后，大家明显地更喜欢张杉。为什么呢？张杉每天上下班遇见同事就笑眯眯地打招呼。而且，上班中，只要他人有需要，他都会热情地给予帮助。这样的态度谁不喜欢呢？相反，李启见了领导头一低，躲着走了，见了同事也是不理不睬。大家觉得这个小伙子没礼貌，清高不合群。

打招呼不仅能赢得同事的好感，是联络彼此感情的主要手段，也是沟通心灵的主要方式和增进友谊的桥梁，同时也是乐观人生态度的表现。所以，职场中不要轻视打招呼。

1.积极主动地跟别人打招呼

主动打招呼所传递的信息是：我眼里有你。谁不喜欢自己被别人尊重和注意呢？见了领导主动打招呼，说明你心中敬重领导；见了同事主动打招呼，说明你眼里有同事；见了下属主动打招呼，说明你体恤下属。永远记住，你眼里有别人，别人才会心中有你。

主动打招呼是自信的表现。见到单位同事和领导，主动向他们打招呼，你就会给他们留下自信、热情的印象。

2.学会赞美

人们都希望得到他人的赏识与赞美。同事相见，一句“你今天很精神”“你穿得很漂亮”会令同事心里乐滋滋的。所以，打招呼也可以从赞美开始。

3.关注那些被冷落的同事

对于那些被冷落的人，一声主动的问候对他们意义非凡。例如，有些领导在位时被人前呼后拥，别人见面都主动和他打招呼，退休之后则“门前冷落”，他便更加在意别人对他的问候。这时，一声问候会给他留下深刻的印象。

4.用好问候语

中国人见面喜欢互相问候，而且越是先问候别人，越显得热情、有教养。例如工作中最普遍的是“你好”“再见”等语，有时再加上一个恰当的称呼，如“王师傅，您好”“李老师，再见”，就会显得更为亲密。

5.以礼相待

对外来办事人员，可视其性别、年龄、职务，称呼

"先生""小姐""经理"等。除礼貌称呼外，还应热情接待，真诚相助，办完公事后礼貌相送。

相互尊重

在人际交往中，每个人都有强烈的受尊敬的欲望，但你对待他人的态度往往决定了别人对你的态度。因此，若想获得他人的好感和尊重，首先必须尊重他人。相互尊重是处理好人际关系的基础，同事关系也不例外。

赵龙和王亮是同事，赵龙是个尽职尽责的人，在公司的表现很好，深受上司的喜爱，而王亮为人处世不好，与同事也相处不来。平日里，王亮看到老板非常器重赵龙，心里极不平衡。在一次讨论方案的会议上，赵龙刚刚说完自己的设想，请大家发表意见，王亮就用不阴不阳的口气说："赵龙下了这么大的功夫，我怎么一句也没听懂呢？是不是我的水平太低，需要赵龙给我再来一点启蒙教育？"赵龙当时很气愤，但又觉得无言以对。

其实，同事相处重在尊重，你尊重他人，既能赢得他人的尊重，也能赢得大家对你的信任。那么，同事相处，如何做到彼此尊重呢?

1.人格上尊重

尊重他人，首先要尊重他人的人格。我们知道，每个人都具有独立的人格，虽然大家的出生、经历、社会贡献有所不同，但在人格上是平等的。同事之间乱起绰号，拿别人的事情当笑料，取笑别人的习惯、爱好，都是对别人人格的不尊重。因此，在与他人相处中，必须懂得尊重他人人格的重要性，从一言一行做起，逐步树立起为人谦逊、待人真诚、对人尊重的做人准则。

2.礼节上尊重

见面问候是最基本的礼貌，在同一个单位里共事，即使是很熟悉了，碰面后也要问候。当然，问候可以是语言的，如“王师傅，您好”“李老师，再见”等，也可以是表情的，如友善的目光、亲切的微笑或点头致意等。一般情况下，你用什么方式来表达自己，别人也会以同样的方式来回报你。

3.态度上尊重

（1）“三人行，必有我师焉。”同事相处，肯定各有所长，所以要虚心向别人学习。学习时态度要诚恳，不能给别人敷衍的感觉。

（2）同事之间探讨问题时，不要断然地否决别人，更不能打断别人，要让别人把意见表达完，要肯定别人意见中正确的部分，也要以不卑不亢的态度和合理的尺度提出与自己意见不同的部分。当别人展现自己的劳动成果时，马上给予否定是很不礼貌的，这样会刺伤对方的自尊心，即使你觉得不好，也不要直接说出来，因为你的一句否定很有可能影响你们的关系，保持沉默或者委婉地表达，尽量容易让别人接受。态度、言行上始终顾及别人的面子，才能让别人给予你充分的尊重。

4.大度对待彼此出现的错误

（1）自己做错了事要及时道歉。同事之间每天在一起相处，一时的失误在所难免。如果出现失误，应主动向对方道歉，求得对方的谅解。工作出现矛盾时，也要做到对事不对人，尽量不牵涉个人的感情。同事之间无论出现哪一类矛盾，道歉是不能少的，这是对别人最起码的尊重。

（2）同事做错了事要大度一些，要能容忍别人的小错误，毕竟你也会犯错误。尤其是同事之间，如果过多地抓别人的失误和小辫子，往往会激化同事之间的矛盾，不利于同事之间友好的关系。要学会善意地提醒，在意识到同事可能因为某种做法而出现失误和过错时，要以适当的方式在恰当的时机给予提醒；要学会责任共担。

豁达友善赢得好人缘

职场友谊对一个人的职业生涯影响深远。职场中人际关系良好，不但能使人心情愉快，而且还能够提高创造性和工作效率。

办公室秘书小李每天打材料、装材料、分发材料，忙得不亦乐乎。但只要小李一忙，若大家手头没有急事的话，就会自觉或不自觉地去帮忙。有时候甚至是很晚，她的身边总有人陪伴，直到她将工作做完，大家才一块高高兴兴地下班回家。老板发现此事后，开玩笑地说："小李，你人缘好，以后多干点，反正有人帮你忙。"小李呵呵一笑。

那么，办公室里如何赢得好人缘呢？

1.保持微笑和友善

无论他是公司什么人，是打扫卫生的，还是总经理，你都应该向人展示灿烂友善的笑容，这样，必能赢得单位同事的好感。

2.善解人意

同事感冒你体贴地递上药丸，路过早点铺顺便给同事买点早点……这些看似小事，却能赢得好人缘。

3.适时地伸出援手

你的一个表态，可能为孤立无援者带来更多支持；你的一点提示，可能让人茅塞顿开；别人忙得团团转的时候，你伸以援手，给予帮助，会让工作效率倍增……总之，在客观、公正的基础上，你的援助之手会让你和同事的关系更为紧密。

4.不斤斤计较

一些人过于计较自己的利益，总是在争各种好处，时间长了难免引起同事们的反感。帮助别人时也不要总想着回报，在能力范围内，主动帮助同事且不求回报是赢得好人缘的好方法。

5.分享快乐

与大家一同分享快乐，不但有助于消除工作中的疲劳，还能营造一种和谐的人际氛围，让大家喜欢你、亲近你。

6.虚心学习

那些比你先来的同事，相对来说会积累更多的经验，有机会不妨聆听他们的见解，从他们的成败中寻找可以借鉴的地方，这样不仅可以帮助我们少走弯路，对他们也是一种尊重。

同事隐私不打听

隐私是什么？是别人不愿意公开的部分。通常，一个人的隐私包括家庭背景、敏感的事情、个人的生活方式、与领导或其他同事的私交等。每个人都藏有不被人知道或不想让人知道的秘密，如果你强行介入，必定会引起对方的情绪反弹，甚至愤怒。

说起财务部的小李，很多人不是满脸不屑，就是咬牙切齿。是什么原因让同事们这样排斥小李呢？小张说："小李没什么大毛病，就是爱八卦。总爱打听别人的隐私，如果发现点儿什么，便会添油加醋地在公司传播。你说，这样的人我们会喜欢吗？"小杨说："我没办法接受小李的行为，她总爱窥探别人的隐私。在她的眼里，每个人好像都有见不得人的事情。就说上次吧，突然下雨了，我没有带伞。我老公怕我淋湿，但他又忙着赶往一个工地去验收，便让他的同事顺路给我送把伞。我拿伞的时候正好被小李看到了，她总是有意无意地向我打听那人是谁，还一脸暧昧。更可恶的是，后来我才听说，同事们私下里传我有外遇。这能不让我生气吗？”小王说：“说起小李啊，最不好的习惯就是爱打听。最平常的就是打听别人的年龄、背景、感情状况等。再严重点儿，就可能捕风捉影，给你制造点儿新闻。”

身在职场，我们一定要知道，别人告诉你的，你可以聆听，但不能随意传播；别人不想告诉你的，别打听。给别人的隐私一片天空，对彼此都有好处。那么，如何对待同事打听他人隐私的事呢？

（1）坚决地说不。对有伤他人名誉的传言一定要表现出坚决的反对态度，同时注意言语要有风度。

（2）婉转地拒绝。有些问题可以婉转地拒绝或巧妙地回答，这样不但不会伤害同事间的和气，又避免了自己不想谈论的事情。

当然也没必要草木皆兵，但凡工作之外的问题全部三缄其口，这样很容易让人误以为你不近情理。有时候，自嘲一把，或者和大家一起开无伤大雅的玩笑，会让人觉得你有气度、够亲切。

如何对待同事传播他人隐私的事呢？

（1）表示不感兴趣。

（2）礼貌地提示这样不好。

（3）表示反感。以一定的方式表示对传言的反感，爱传播隐私的人感觉到大家的反感也会收敛。

亲兄弟也要明算账

同事在一起，休闲娱乐、聚餐游玩是难免的。偶尔不方便，需要向他人借钱也是难免的。但不管怎样，在经济上一定要分清楚，若分不清的话，可能会埋下矛盾，从而会使同事间的友情受到影响。

小赵、小钱是一同进公司的同事，由于彼此的兴趣爱好、家庭背景相同，两人很快就成为无话不谈的好朋友。休闲娱乐需要付钱时，也是谁方便谁付钱，从来没有详细算过账。几个月过去了，小赵慢慢觉得每到付费时“方便”的总是自己，于是再也不愿意和小钱一块出去了，两人也不像以前那么亲密了。

所以，同事相处，经济往来，最好的方法就是“亲兄弟明算账”。

1.聚会、娱乐时

（1）同事之间聚会、娱乐时，最好的方法就是AA制。实行AA制，活动时当场结账，这样公平合理，彼此也不会有什么意见。但这种方式在中国这样特别讲人情的社会环境中又似乎太生分，有失面子，所以轮流坐庄不失为一种好方法。

（2）轮流坐庄。轮流坐庄，每人一次，必要的时候接着往下轮。每次的花费，大体相当。

2.借钱、借物或馈赠礼品时

经济上的往来切忌马虎，每一项都应记得清楚明白，即使是小的款项，也应记在备忘录上，以提醒自己及时归还，以免遗忘，引起误会。向同事借钱、借物，应主动给对方打借条，以增进同事对自己的信任。有时，出借者也可主动要求借入者打借条，这并不过分，借入者应予以理解。如果所借钱、物不能及时归还，应每隔一段时间向对方说明一下情况。在物质利益方面无论是有意或者无意地占对方的便宜，都会引起对方的不快，从而降低自己在对方心目中的人格。

同事交往，礼尚往来

当同事带瓜子、水果等零食到办公室，休息时请你吃，不要因为难为情就拒绝。不过，要记住，方便时也带一点零食到办公室来，与大家共享。同事出差归来，带礼物给你，你就高兴地收下，并表示感谢。不过，不要忘记，下次出差归来同样给同事带点礼物。你个人或家中有事，同事在情意上、物质上给予你帮助时，不要忘了，同事有需要帮助时，伸出你的援助之手……

当然，诸如此类的同事间的礼尚往来也要注意礼仪，不然不但达不到增进友谊的目的，反而会给自己带来麻烦。

（1）礼尚往来时尽可能一视同仁。同事交往，送的礼品不要太贵，否则会使他人不知如何还礼。

（2）并非所有的礼物都宜收下，有时拒收同事的礼物也是必要的。比如我们收下一些可能影响工作大局而使某方得益的礼物，则有受贿之嫌，是万万不可取的。另外，当我们觉得送礼物的同事别有用心时，一般也都应该拒收，实在推脱不过，也要尽快回送同价值的礼物；不愿收受的，除退回礼物之外，应附以委婉、诚恳的感谢。

（3）送礼时尽量不要当着所有同事的面去送，除非你能够保证所有的同事都有份。否则，收不到礼物的人难免会在心里产生嘀咕，在别的事情上为难你。

其实，同事之间的往来不仅是人际交往中最为重要的一点，也是职场礼仪中我们必须学会的一点。适时地与同事之间进行友好的礼尚往来，有助于我们更好地建立职场友谊，从而为以后的职场之路打好基础。

距离产生美

对同事之间的关系每个人都有美好的憧憬，都觉得与人的关系越亲密越好，其实，这是一个误区，亲密难免会出现一些问题，我们在与人保持亲密关系的时候，还要记住“亲密并非无间，美好需要距离”。

小陈是个爱笑、单纯的女孩儿，来公司没几天就跟同事打成一片了，在人们的眼里，小陈、小马简直就是无话不谈的好姐妹。然而，有心的人会发现原本亲密无间的两个人却突然生疏起来，甚至偶尔说起对方，要么避而不谈，要么语气中透露出愤恨。究竟是怎么了？

原来，小陈暗自喜欢营销部的助理刘伟，但她不知道的是小马也喜欢刘伟。小陈觉得自己和小马关系很好，于是便将自己的小秘密告诉了小马。得知小陈喜欢刘伟后，小马心里开始与小陈有了隔阂。偶尔看到小陈与刘伟一起说笑时，嫉妒的心理便开始作怪。后来，同事们之间开始传一些关于小陈的消息，而且都是不利于小陈形象的消息。

当小陈听到这些消息时震惊了，这些事情，她只跟小马说过。不是她说的，还能是谁？于是两人关系越来越差。对小陈不利的消息使得小陈总觉得背后有人指指点点，心情很不好，工作进展也不顺利。小陈很后悔，原本就不应该跟同事走得那么近。

事实上，在职场上拥有良好人际关系的人，是既真诚待人、又坚持自己立场、和他人保持适当距离的人。那么，同事交往中如何与他人保持合适的距离呢？

1.尊重别人的隐私

不论彼此关系多么亲密，也应保留一个私密的心理空间。亲人如此，同事之间亦是如此。其实，越是亲密的人，越要尊重对方的隐私。这种尊重表现为不随便打听、追问他人的内心秘密，也不随便向别人吐露自己的隐私。过度的自我暴露，虽不存在打听别人隐私的问题，却存在向对方靠得太近的问题，容易失去应有的人际距离。

2.懂得运用距离效应

让我们先来看一下距离效应——刺猬法则。在寒冷的冬季，两只刺猬因为冷而拥抱在了一起，但是由于它们身上都长满了刺，紧挨在一起就会刺痛对方，所以无论如何都不舒服。于是，两只刺猬就分开了一段距离，可是这样又实在冷得难以忍受，因此它们又抱在了一起。折腾了好几次，它们终于找到了一个比较合适的距离，既能够相互取暖又不会被刺扎痛。

人际交往过程中的距离效应是指由于时间、空间的阻隔，彼此间有了距离，一旦把距离缩短，重新相聚，便会增进双方的感情。但如果长时间的近距离接触，又会渐生倦怠。可见，距离的存在有时也能给人以美的享受。因此，人际交谈中应当与人保持一定的距离，同时，也不要过度自我暴露。内心没有隐秘虽然能够显示自己的坦荡，但也会因此失去应有的人际距离，无形中为以后的人际矛盾埋下祸根，从而导致人际关系方面出现压力，这种做法其实并不明智。

异性同事注意交往方式

异性同事相处，如果处理不当，不仅会给本人带来麻烦，还会对单位造成不好的影响。所以，掌握办公室异性相处的礼仪及原则是十分必要的。

异性同事之间，本来就隔着性别的差异，如果不注意交往方式或走得太近，天长日久，流言蜚语难免会产生，自己也难免会深受其害。

小惠是策划部的一名员工，最近跟一位新来的同事小王走得很近，一些关于他们俩的流言蜚语也在办公室里流传开来。小惠去洗手间时，听到其他部门的同事在议论她。下班后，经常和自己一起走的小雨也不等她了，常常暧昧地说："先走了，不耽误你……"小惠觉得自己快要疯掉了，终于有一天，她抓住小雨问了个明白。小王是个责任心强又细心的人，前一段时间因为工作很忙，小惠和他常常在一起加班，两人渐渐配合默契。可这只是正常的工作关系，大家没有必要误解啊，小惠百思不得其解。

小雨说："你想想看，每天是不是小王在帮你收拾桌面，倒好热茶。还有，上次你从外地出差回来，给所有人带的都是小饰品，唯独给小王带的是他最喜欢的画册，这难道还不明显吗？

一语惊醒梦中人。其实收拾桌面、倒茶是他们商量好的，谁先来谁做，可小惠偏偏是个卡着点上班的人；而那本画册也是在加班的时候小王提起的，自己送他很正常，其他人又没有什么特别的喜好，众口难调，买一样的最省事。小惠没有想到，自己的一念之差居然制造了这样一段绯闻。

其实，在办公室中，男女搭配工作会更愉快、更和谐。而且，同事之间彼此交流也有助于工作效率的提高。但关键是要掌握一个度，注意交往的方式，否则就会给他人以暧昧的感觉和遐想的空间。所以，异性同事在交往中要做到以下几点。

1.对异性采取大方、不轻浮的态度

这主要包括行为和言语两方面，要尊重对方，不可轻浮，千万不能将办公室的异性关系处理成类似恋爱的关系，更不要和某个异性同事发展成比其他异性更为亲密的关系。

2.在语言上把握分寸

很多男性员工经常会在私下里冒出一些粗话，甚至还有人以开黄色玩笑为乐，若有女性同事在场，很可能会被认为这是对她们的一种冒犯。还需要记住的是，当你在恭维异性同事的时候，一定要避免挑逗性的话语。

3.在穿衣打扮上注意礼节

办公室是工作的地方，不是约会场所，更不是展示魅力的地方。在办公室里如果男士把衬衫敞开，穿着短裤，是对在场女性的不尊重。女性更要注意自己的穿着，千万不能张扬自己的性感，如穿超短裙和太暴露的衣服，这同样会引起别人的反感。

4.注意自己的举止

如果你是一名男性，不要在女同事在场时，把松了的皮带扣紧，或者把衬衣塞入裤子中。女性也不能做一些挑逗性的动作，比如在男性面前梳头发、触摸男性的衣服、用头发扫男人的面颊等。尽管这些是无意的动作，却会导致对方误会。

5.把握交往时的分寸

当我们有烦心事的时候，难免会找身边的同事倾诉，但最好不要把自己的私生活带入其中。特别是那些婚姻不如意的人，对异性同事不宜过多倾诉，否则会被对方认为你有移情的想法。即使是那些极为默契的异性同事，也只应当在工作上更好地配合，互相帮助，在办公室这样的公众场合，不要“亲密无间”。

对待上司，礼貌有致

有礼貌是一个人修养的体现，失礼的人，是不受欢迎的人。在上司面前失礼，可不仅仅是不受欢迎的问题了。

小林进入公司已经快两个月了，却总感觉自己没有融入这个团体。同事们似乎也很少主动与她搭话，而与上司的关系是最让她头疼的。小林总感觉上司刘经理对她有成见，并不像对待其他同事那样亲切、平易近人。刘经理还不止一次提醒过她：“你现在处于试用期，各方面的表现是我们考虑的综合指标。”为此，小林总感觉工作没有激情。

一天开完早会，小林按刘经理的要求将整理的文件交到刘经理办公室。走到办公室门口，小林敲了一下门便推门而进。刘经理正在打电话，小林就站在那儿等着。电话很长，小林偶尔看看手机，偶尔东张西望。终于，刘经理的电话打完了，小林一手拿着手机，一手将文件递给经理，刘经理看了看小林，接过文件，对小林说："小林，再有半个月试用期就结束了，不过经过我们的考察，你并不符合我们的要求。你可以准备辞职了。"小林一头雾水：自己工作没出过差错，怎么会被辞退呢？

通过案例我们发现小林敲门后没等回应就进门，上司在打电话她还站在那里，不停地翻手机、东张西望，递交文件时只用一只手，这些都是没有礼貌的表现。上司怎么会认同一个对自己没有礼貌的下属呢？那么，如何礼貌地对待上司，做一名合格的下属呢？

（1）面对上司要做到不卑不亢、落落大方，见面时问好、点头致意；不故意奉迎、低三下四；也不故意抗拒、视而不见；等等。

（2）上司交代的工作要及时完成，并及时汇报请上司指导。给上司汇报工作时要注意基本的礼仪。

（3）不要对上司说偏激的话，不要与上司发生争执，不要在上司面前谈论敏感的话题等。

维护上司的形象

对待上司，不仅要有礼貌，忠实地执行上司交代的工作，还要注意与上司相处的技巧，维护上司的形象。

小雷是一家外贸公司的职员，一天，部门经理由于与外商谈判不顺利，心情非常不好。当他怒气冲冲地回到办公室后，看到办公室乱七八糟，怒火一冲而上，不分青红皂白就大骂起来，此时小雷正在一旁看报纸，以为经理在说他，心想：平时就对我有意见，我的分内工作都做好了，看会儿报纸还要被骂。于是便与经理争吵起来。两人越吵越凶，好不容易才被大家劝开。

在和小雷的争吵中，为什么经理会越来越凶呢，关键是小雷让他觉得没面子，下不了台。那么，在日常的工作中如何维护上司的形象呢？

1.尊重上司，给上司留足面子

尊重上司是每个下属的必备素质。只有对上司表示尊重，他才能尊重你。下属对上司不仅要有最基本的尊重，还要尊重上司一些合理的习惯、性格和方式。给上司留面子，面对上司无伤大雅的小错误，睁一只眼闭一只眼；给上司留面子，当上司批评你时，不要与上司针锋相对；给上司留面子，如果对上司有意见或建议，可以以书面形式表达。给上司留面子，就是用一颗宽容、尊重的心去对待上司，而最基本的是要明确你们的关系，最根本的是要做好自己的工作。

2.欣赏上司，赞美上司

一个人能够进入管理层，自然有他的过人之处，作为下属，应该懂得欣赏上司。欣赏上司，要善于发现上司的优点，并虚心请教，真心诚意地向他学习，请他指教；欣赏上司，要表现出对上司的崇敬与仰慕，尊重上司，赞美上司。但赞美时不可过于夸张，否则会使人觉得故意讨好或言不由衷。

拒绝上司讲究技巧

日常生活中，拒绝他人并不是一件简单的事，若拒绝不当就会引起对方的不快，甚至埋下积怨。而职场中，拒绝更需要注意方法，尤其是拒绝上司时，除了勇气，方法很重要。

下班了，大家都在收拾东西准备回家。子怡却满脸愁容。是什么让她如此为难呢？原来，下班前张经理又一次邀请她去吃饭。昨天已经邀请过一次了，子怡以朋友生日为由拒绝了。但今天总不能还有事吧？面对上司的邀请，子怡觉得拒绝的话显得不给领导面子，而不拒绝自己又真的不喜欢这样的邀请。子怡很为难。

例子中，子怡要拒绝的是上司以私人名义发出的邀请。如果你也遇到这种情况，可以首先对上司的邀请表示感谢，然后表达不能去的歉意，并找出合适的理由，如身体的原因、家庭的原因等。

如果上司对你工作上提出某些要求，或者上司的决定错误时，你又如何拒绝呢？

小李和小张所在的部门新来了一位经理，这位王经理以思想新颖、观点独特著称。没几天，王经理就在会上提出了一个改革方案供大家讨论，人们反响不一。因为表面上王经理的改革可以提高公司的营销业绩，但这个方案一旦实施很可能动摇公司的结构。听了这个方案，小李立马加以否定，并提出了自己的意见。尽管小张也不同意这个方案，但并没有立刻反对。接下来，王经理分别给两人作了任务安排。小李依旧反对，小张却按吩咐行事。只是，当相关部门对新方案作出反应后，小张将这些反应汇总，并与王经理一起分析问题所在，对方案进行修改。无形中，小张已经拒绝了作为王经理的决定，而且还让王经理接受了自己的意见。从此，王经理对小张多了一份青睐。

小张是智慧的。他并没有直接拒绝上司，而是绕了个弯，用一种更温和、更有效的方法拒绝了上司不合理的安排。

面对领导提出的错误意见或不合理主张时，我们要拒绝，但不是直接地、大声地说“不”，而是要讲究方式、方法。

1.注意时机、场合

时机上，最好在上司心情愉快、没有公务缠身的时候，这样上司更容易接受你的意见。场合上，最好避开公众场合，例如公司会议、聚会等。

2.注意方式、方法

拒绝上司要注意方式、方法，避免直接，懂得“迂回”战术。如拒绝时可采取先肯定、再否定、后安抚的“三明治”模式：任何答复都以积极肯定为起点，“是的，可以，行，我们能做……”；再向否定过渡，“但可能需要一些时间，恐怕需要其他部门的配合，人手调配一下就更好了……”；最后再次强调积极的一面，“不过我们会进一步想办法解决，请放心……”或者明确请求上司予以支持或协助。这种委婉的说法更容易被上司接受。另外，还可以采用以下方法拒绝上司。

（1）暗示法。当上司作出不正确的决策，你觉得不能执行或无法执行，又不好意思直接拒绝上司时，可以先给上司某种暗示，让其领悟到自己的决策不甚恰当，主动更改。

（2）提醒法。上司一般都公务缠身，所以有些不恰当的决策，可能是在上司不熟悉、不了解某一方面的情况下作出的，你以适当的方式提醒他，上司认识到了一般都会收回或修正指令。

（3）推辞法。对上司不恰当的决策指令，有时还可以考虑推辞。推辞时，可以从职责范围提出，也可以从个人的特殊情况提出。但不管从哪一方面提出，理由一定要真实和充分。推辞不是要滑头，而是委婉的拒绝。

（4）拖延法。对于上司的错误决定，倘若你唯命是从，马上付诸行动，可能会造成不良后果。面对这种情况，可以先默认或口头答应，以缓解当时的氛围，过后你以忙其他的事作为拖延的理由，等过段时间后，上司自己想明白了，就会收回自己的决定。

3.注意态度、立场

态度上，诚恳、谦和，以征询或建议的方式进行。

当你准备对上司说“不”时，要先站在上司的角度去思考问题，避免直接站在上司的对立面，更不要当众否定或指责上司，也不要逼迫上司当众作出决定，尽量获得与上司私下沟通的机会。

上司批评，坦然面对

任何人都会犯错误，工作中出现差错而被上司批评是经常发生的事情。有的人受批评后忍气吞声，私下里生闷气，甚至一走了之；有的人能够以积极的心态对待错误，认为批评意味着进步的机会，把批评看成一笔宝贵的财富。

莉莉最不喜欢的便是自己的上司王主任。其实，王主任并不是一个不合格的领导，其他同事都很喜欢和尊敬王主任。那为什么莉莉这么不喜欢她的上司呢？听莉莉解释：我以前其实是挺喜欢王主任的，只是上个星期五的工作总结会议上，他当着那么多人批评我，多没面子啊。单位一般都是八点半打卡报到，八点四十开始工作。那天我来单位很早，因为考勤机在楼下，我是直接上楼的，便先在办公室工作了一会儿，后来就忘了打卡。其实，王主任知道我来得早。我工作的时候，他是看到的。明明知道我不是迟到，还要批评我，我觉着他就是成心的。莉莉的心结原来就是上司的一次批评。因为一次批评，她耿耿于怀，这势必会影响到她的工作心态。工作消极，就容易出错，上司肯定会批评，这样便形成了恶性循环。

上司批评下属，绝大部分都是建设性的，乐于接受建设性的批评并且遵照执行，是成熟和职业化的表现。既然在职场上被上司批评是不可避免的□那我们该如何面对和处理呢?

1.不要将批评看得太重

要知道上司的批评很多时候是对事不对人的。他并不是针对你，而是作为一个领导，他必须对工作中的失误作出表态。因此，如果受到了上司的批评，首先不要将自己与批评联系起来，而是要研究为什么被批评。通过发现问题而解决问题，并避免问题的再次产生。最忌讳的便是抱有上司故意刁难自己或没事找茬等想法，这样百害而无一利。

2.受到批评后，不要消极抵抗

工作中，我们要尽全力去做好每一件事情，但这并不代表我们就不会犯错。偶尔的犯错，也不是对我们能力的否定。不要因为上司的批评就自我否定，消沉、低落，也不要因为上司的批评就消极怠工或故意以其他方式抗拒。

3.正确对待上司的批评

对待批评，不要不服气和牢骚满腹。记住：让上司觉得他是被信赖和尊敬的，最直接的表现是下属很愿意听他的教训。聪明的下属应该学会“利用”批评。事实上，上司的责骂也含有忠告、指示和鼓励的意味，可以看作是对你的重视和鞭策。正因为他的眼里有你，他才会注意到你的错误，希望通过指责的手段促使你进步和发展。如果下属在面对上司的教训时，表现出不服气的态度，私下里满腹牢骚，不仅无法理解上司的真心真意，还会引起上司的嫌恶，影响以后的工作。

4.知错能改

一个人犯错并不是罪恶，上司对你的错误进行批评也是在提醒你下次不要再犯。受到批评后，更要努力地工作，化被动为主动，变不利因素为有利因素，不卑不亢，用自己的实际行动改正错误，证明自己的能力。这样的下属很快会得到领导的谅解、尊重以及同事的赞许。

汇报工作，莫忘礼仪

汇报工作是下属的重要工作内容之一。在这个过程中，不仅要注意汇报内容的严谨、准确，还要注意汇报工作时的礼仪。

雅丽负责公司的接待工作。今天，雅丽像往常一样在接待处等待客户的到来。这时，一位李先生来到了接待处，并要求找公司的张经理，声称有业务上的往来。然而，张经理正好有事出去了，雅丽一听是业务上的事情，便将此事报告张经理的上级——王总。王总便接待了这位李先生。张经理回来后，被叫到了王总办公室。一番谈话后，张经理黑着脸出来了。第二天，雅丽就被张经理调动了工作岗位，而且降了薪资。雅丽到现在仍是一头雾水。而张经理对新来的接待说的第一句话便是“不要越级上报”。

雅丽因越级汇报遭受了职场的挫折，这是因为她没有注意汇报工作的礼仪。那么，汇报工作的礼仪到底有哪些呢？

1.汇报前准备好汇报内容或材料

简单的内容可以在准备好要点后直接汇报。比较复杂的内容要写成正式汇报材料，汇报材料要重点突出、层次清晰、论证明确、主次分明；文笔要朴实、流畅。汇报时，首先汇报结论，然后介绍经过及补充说明。汇报内容要实事求是，不能隐瞒不好的内容，不能夸大好的内容，也不能随意加上自己的臆测。在汇报时，吐字清晰，语调舒缓，音量适中。

2.注意汇报的职责权限

汇报自己职责范围内的事，向自己的主管领导或直接上司请示汇报，不要越级汇报，更不要越职管理。当然，职责范围内的事也不要事无巨细全部汇报，权限之内的事自己能处理的则处理，需要汇报时再汇报。

3.汇报过程中必须注意的礼仪

（1）守时。按约定时间及时汇报。

（2）在进入上司办公室之前放慢脚步，然后轻轻敲门，得到允许后方可进门。切忌不敲门，或者敲门后还没等到回应便破门而入。即使上司办公室的门开着，也要敲门。进门后若上司在忙，礼貌地等一会儿。在汇报时，首先注意最基本的仪态礼仪，如仪容仪表、姿势姿态等。其次，注意语言的表达。

（3）汇报完毕后，要在得到上司允许后再离开。离开时，要将自己的材料以及座椅等整理好，并主动告别，离开时说“谢谢”。

同事相处的禁忌

同事相处是有禁忌的，如果不注意这些禁忌的话，不但会破坏你在同事中的形象，还会影响你和同事的关系。因此，了解并避免这些禁忌，对同事之间的交往至关重要。

1.忌同事面前夸夸其谈

也许你想给领导留下一个能说会道的好印象，但是，很大一部分领导都讨厌夸夸其谈的人。领导更喜欢脚踏实地工作的人。少说话、多做事是我们应该遵守的最基本的职业素养之一，用最简短的话把你的观点专业地表述出来是能力的最好体现。另外，还要注意：在领导或同事讲话时，不要随意打断；不要不懂装懂，夸夸其谈。

2.忌情绪不高、牢骚满腹

工作时应该保持高昂的情绪状态，即使遇到挫折、饱受委屈、得不到领导的信任，也不要牢骚满腹、怨气冲天。这样做只会适得其反，要么招同事嫌，要么被同事瞧不起。

3.忌趋炎附势、攀龙附凤

做人要光明正大、诚实正派。不要领导面前极尽溜须拍马之能事；同事或下属面前爱理不理，一副势利小人的脸孔。要知道，在一个单位，势利小人是最让人瞧不起的，也是最不受欢迎的，即便你的工作是优秀的。

4.忌逢人诉苦

有一些人喜欢向同事倒苦水，但办公室不是互诉心事的场所，当失恋、工作不顺时，你最好不要到处诉苦。把痛苦的经历一谈再谈，不免会让人退避三舍。忘记过去的伤心事，把注意力放到充满希望的未来，做一个生活的强者。这时，人们会对你投以敬佩多于怜悯的目光。

5.忌拉帮结派、互散小道消息

办公室内切忌拉帮结派、形成小圈子，这样容易引发圈外人的对立情绪。更不应该散布小道消息、议论他人是非。

6.忌故作姿态、举止怪异

无论穿衣，还是举止言谈，切忌太过前卫，给人风骚或怪异的印象，这样会遭到同事的非议。同时，也会被认为是没有实际工作能力的人。

7.忌领导面前故意表现自己

当今社会，充分表现自己的才能和优势是没错的，但是，表现自己必须分场合，如果过于表现，使人看上去矫揉造作，则会引起旁观人的反感。

李娜是一家大公司的高级职员，平时工作积极主动，表现很好，待人热情大方，跟同事关系也不错。可是，一个小小的动作却使她的形象在同事眼中一落千丈。

有一天，公司主持一场员工大会，总经理到来之前，一位同事觉得地板有些脏，便主动拖起地来。而李娜则一直站在阳台旁边。突然，李娜走过来，坚持拿过同事的拖把替他拖地。本来地已经差不多拖完了，根本不需要她的帮忙。可李娜却执意要求，那位同事只好把拖把给了她。刚接过拖把不一会儿，总经理便推门而入。总经理见李娜在勤勤恳恳地拖地，微笑地表示赞扬。李娜这种虚假的面孔被同事知道后，她在公司的人际关系越来越差。

在办公室里，同事之间本来就处在一种隐性的竞争关系之下，如果一味刻意表现，不仅得不到同事的好感，反而会引起大家的排斥和敌意。真正善于表现的人常常既表现了自己，又不露声色。真正的教养展示与才华的自我表现绝对无可厚非，刻意表现才是最愚蠢的，小心得不偿失。

8.忌办公室友谊

办公室是公事公办的地方，心肠太好、太为人着想、太顾及别人的感受，只会妨碍自己做事。和同事超越友谊之界限，更是办公室的忌讳。

另外，现在有很多单位，尤其是金融、保险等企业是不允许情侣在一起上班的。因为在上班时，很难做到对自己的另一半视而不见，这造成的最终结果就是：你辛辛苦苦地工作，有时还会一个人干两个人的活，可领导却怀疑你的上班时间是不是都用来谈恋爱了，没有将心思放在工作上。

9.忌办公室里争论

有些人喜欢争论，一定要胜过别人才肯罢休。假如你实在爱好并擅长辩论，那么建议你最好把此项才华留在办公室外去发挥。否则，影响同事关系。

10.忌背后算计别人

背后算计别人是最令人痛恨的行为之一，也是职场中最危险的行为之一，这种行为带来的后果，轻则被同事唾弃，重则失去饭碗，甚至身败名裂。

第四章 社会交往：礼貌文明赢尊重

在社交活动中，如能正确利用介绍，不仅可以缩短人与人之间的距离，还可以扩大自己的交际圈。

介绍，人际交往的桥梁

介绍，是社交活动中普遍的礼节，也是人们相互结识的常见形式。在社交活动中，如能正确利用介绍，不仅可以缩短人与人之间的距离，扩大自己的交际圈，而且有助于自我宣传，或消除人际交往中的误会，减少麻烦。介绍得体能使被介绍者感到高兴。

文婷是一家公司的接待人员，工作做得很好，她对这份工作也很满意。可是，突然有一天她被辞退了。很多人觉得不解，后来大家才知道了事情的原委。

原来，午休时间，文婷的一位朋友来找她聊天，正好老板从外面跑完业务回到公司，文婷只顾着和朋友聊天，没有将老板介绍给朋友，也没有将朋友介绍给老板，因为文婷没有介绍，她的朋友也没有向老板打招呼，气氛非常尴尬。事后，文婷就被辞退了，理由是：作为一名接待人员，最基本的介绍礼节都不懂，如何去接待顾客，如何建立企业形象。

一般来说，根据介绍者的不同，介绍可以分为自我介绍和他人介绍。

1.自我介绍

自我介绍是社交场合中常用的一种介绍方式。巧妙得体的自我介绍，可以为双方交往奠定基础，显示自己良好的交际风度。

（1）介绍的基本要求

①自我介绍的程序。自我介绍时，先向对方点头致意，得到回应后再向对方介绍自己的姓名、单位和身份。若准备好名片可同时递上。

②自我介绍的态度。自我介绍时，表情要坦然、亲切，注视对方，举止庄重大方，态度镇定而充满信心，表现出渴望认识对方的热情。

③自我介绍的原则。简明扼要，一般以半分钟为宜，情况特殊的也不宜超过三分钟。如果对方表现出认识自己的愿望，则可在报出姓名、供职单位、职务的基础上，再简略地介绍一下自己的籍贯、学历、兴趣、专长等。

（2）自我介绍的注意事项

①自我介绍应该实事求是，既不能把自己拔得过高，也不要过分贬低自己。介绍用语一般要留有余地，不宜用“最”“第一”“特别”等极端的词语。

②不要过分热情，如大力握手或热情地拍打对方。

③不要中止别人的谈话或活动而介绍自己，要等待适当的时机。

④不要态度轻浮，要尊重对方。任何人都希望别人尊重自己，因此在自我介绍时，表情一定要庄重。

⑤如果一个以前曾经介绍过的人，未记起你的姓名，你不要作出提醒式的询问，最佳的方式是直截了当地再自我介绍一次。

2.他人介绍

他人介绍是经第三者引见不相识的双方认识的一种介绍方式。他人介绍通常是双向的，介绍的人一般是主人、朋友或公关人员。

（1）他人介绍的原则

介绍时必须遵守“尊者优先”的原则。把年轻者介绍给年长者，把职务低者介绍给职务高者。如果双方年龄、职务相当，则把男士介绍给女士，把家人介绍给同事、朋友，把未婚者介绍给已婚者，把后来者介绍给先到者。

如果你是身份高者、长者或主人，在听他人介绍后，应立即问候对方，表示欢迎。如果你是身份低者或宾客，当尚未被介绍给对方时应耐心等待；当将自己介绍给对方时，应根据对方的反应作出相应的应对，如对方主动伸手，你也应及时伸手相握，并适度寒暄。

（2）他人介绍的注意事项

①介绍者介绍之前，一定要征求被介绍双方的意见，否则会显得唐突，让被介绍者感到措手不及。

②被介绍者在介绍者询问自己是否有意认识某人时，一般不应拒绝，而应欣然答应。实在不愿意时，则应说明理由。

③介绍人和被介绍人都应起立，以示尊重和礼貌；待介绍人介绍完毕后，被介绍双方应微笑、点头示意或握手致意。

④在宴会、会议桌上，如果被介绍双方相隔较远，

中间又有障碍物，可举起右手致意，或点头、微笑致意。

⑤介绍完毕后，被介绍双方应依照合乎礼仪的顺序握手，并且问候对方，必要时还可以进一步作自我介绍。

⑥介绍具体人时，要有礼貌地以手示意，而不要用手指指点点。

握手，“握”出真情实感

握手礼节起源于西方，是见面和告别时的礼节。在我国，握手礼不但在见面和告别时使用，还可以作为祝贺、感谢或鼓励的表示。

握手的力度、时间、姿势如果不到位的话，你所要表达的诚意、热情也不会传达到位。因此，握手具有丰富的内涵，它不仅仅是一个简单的动作。它可以使人际交往充满阳光，也可以使人际交往布满阴云。

小高大学毕业后到一家公司当公关。一天领导告诉小高，公司要来一个大客户，让他好好接待一下。小高听了很高兴，心想自己终于有用武之地了。因此小高好好地准备了一番，然后提前到目的地接见来宾。整个迎接过程，小高都表现得很不错。在客户临走的时候，小高也同前面一样表达了自己的“热情”：还没等对方伸手，已经急忙把手伸过去说：“欢迎下次再来。”小高觉得自己的整个接待过程表现得很好，回去以后领导会表扬自己的，结果却挨了领导的批评。

小高为什么会挨领导批评呢？其实我们可以看出，

小高忽视了一个细节，那就是在来宾走的时候，应该由来宾先伸手。小高急急地跟客户握手道别，不免让人感觉有撵人之意。因此，要想真正地将握手这种无声语言表达到位，我们就必须掌握好握手的基本礼仪。

1.握手的时机

遇到较长时间未曾谋面的熟人，应与其握手。在比较正式的场合同相识的人道别应与其握手。在办公室、家中以及一切以本人为东道主的场合中迎接或送别来访者时应与其握手。拜访他人后，在辞行前应与对方握手。被介绍给不认识的人时应与其握手。他人给予自己或自己对他人表示一定的支持、鼓励或帮助时也应与其握手。向他人或他人向自己表示恭喜、祝贺时应与其握手。应邀参加重要的社交活动，如宴会、舞会等，在开始前与结束时应与主人及来宾握手。他人向自己或自己给他人赠送礼品、颁发奖品时应与其握手。

2.握手的原则

握手应遵守“尊者为先”的原则。在正式场合，以上级先伸手为礼；在日常生活中，以长辈、女士、已婚者先伸手为礼；在社交场合，以先到者先伸手为礼；师生之间，以老师先伸手为礼；在接待来客时，以主人先伸手为礼；客人告辞时，以客人先伸手为礼。在正规场合，当一个人有必要与多人握手时，可由尊而卑地依次进行，也可由近而远地进行。

3.握手应注意的事项

（1）与人握手时，应起身站立，迎向对方，在距其一米左右时伸出右手，握住对方的右手掌，稍许上下晃动几下。握手时，先伸手者应掌心向上，若掌心向下则显得傲慢无礼。握手时忌用指尖与他人握手，用指尖握手，即使主动伸手，也会给对方一种冷淡的感觉。

（2）握手时，要注视对方，微笑致意或简单问候、寒暄，不可左顾右盼。

（3）握手时用力既不可过轻，也不可过重。用力过轻，有怠慢对方之意；用力过重，有捉弄对方之意。与别人握手的力度以不超过两千克为度，所用时间以三秒钟左右为宜。

（4）在多人同时握手时，不可交叉握手。不可跨着门槛握手。

（5）男士和女士之间，男士绝不能先伸手，这样不但失礼，还有占人便宜的嫌疑。但男士如果伸出手来，女士一般不要拒绝，以免造成尴尬的局面。

（6）握手时间可根据双方的亲密程度掌握。初次见面者，一般控制在三秒之内，切忌握住异性的手久久不放。双手相握，即用右手握住对方的右手后再以左手握住对方的右手手背，这种方式可用于表达自己的深厚情意，但不适用于初识者与异性。

（7）忌用左手与他人握手，除非右手有残疾或太脏，特殊情况应说明原因并道歉。如果手脏、手凉或者手上有水、汗时，不宜与人握手，也要主动向对方说明不握手的原因。

（8）不要戴墨镜与他人握手。男士勿戴帽子和手套与他人握手，但军人不必脱帽，而应先行军礼，然后再握手。在社交场合，女士戴薄纱手套或网眼手套可不摘；在商务活动中，讲究男女平等，女士应摘手套，但男士仍不为先。

（9）握手时不要将另一只手插在衣袋里或另一只手依旧拿着东西。

（10）握手后，不要当着对方的面擦手，以免造成误会。

称呼，首先是一种尊重

在人际交往中，选择正确、恰当的称呼，不仅是对对方的尊重，也是双方亲密程度的一种反映。

斯诺先生在《西行漫记》中记载了他在20世纪30年代进入中央苏区后碰到的一件事：有一次我和驻扎在这里的交通处的人员一起吃饭。像平常一样，除了热开水以外，没有别的喝的，而开水又烫得不能进口，因此，我口渴得要命。饭是由两个态度冷淡的孩子端来的。他们最初不高兴地看着我，可是在几分钟后，其中一个孩子友善地对我微笑，这使我胆子大了一些。他从我身边走过时，我就招呼他：“喂，给我们拿点冷水来。”那个孩子压根儿不理我，几分钟后，我又招呼另外一个孩子，结果也一样。这时我发现交通处处长李克农在笑我。他扯扯我的袖子，对我说：“你可以叫他‘小鬼’

或者‘同志’，可是，你不能叫他‘喂’。这些孩子是少年先锋队员，他们是革命者，所以志愿到这里来帮忙。他们不是佣人，他们是未来的红军战士。”

在日常的人际交往中，我们常常会遇到不知道该如何称呼对方的情况，这时往往以“喂”开始，这对他人来说明显是称呼上的一种失礼。

1.称呼技巧

人际交往中，不能随便以自己的想法来称呼对方。对于难以把握的称呼，可以先询问对方，对方一般都会把通常大家对他的称呼告诉你。可以以职业称呼，如张老师、王大夫等；另外，在了解的基础上，为了表示对对方的尊敬，可以以交往对象的职务称呼，如张经理、李科长等。

在职场上，过分亲昵或生疏的称呼都是不提倡的。

2.称呼的禁忌

（1）忌使用错误的称呼。常见的错误称呼是误读或误会。误读是念错对方的姓氏，这样是很不礼貌的。为了避免这种情况的发生，可以事先问好别人，或者当面请教。误会，是对对方的情况不了解，作出错误的判断。

（2）忌使用不通行的称呼。有些称呼，具有一定的地域性。比如全国大多数地方称呼爱人为“老公”“老婆”，但西北一些地方老年人忌讳这样称呼。中国人把配偶经常称为“爱人”，在外国人的意识里，“爱人”是

“第三者”的意思。所以，要入乡随俗，在哪里工作，就遵从哪里的习惯。

（3）忌使用不当的称呼。对对方的称呼要谨慎、恰当。如果对方是公司的董事长，而你称他为“经理”，就会贬低对方，是很无礼的。

（4）忌使用庸俗的称呼。有些称呼在正式场合不适合用。例如，“兄弟”“哥们儿”等称呼，虽然听起来亲切，但显得庸俗。

（5）忌称呼外号。对于关系一般的，不要自作主张给对方起外号，更不能用道听途说来的外号去称呼对方，也不能随便拿对方的姓名乱开玩笑。

得体地接递名片

名片是一个人身份的象征，当前已成为人们社交场合的重要工具，名片虽小，但在与他人沟通过程中的作用不容忽视。名片接递过程中如果礼节周到的话，能够尽显一个人的修养，为个人形象锦上添花。

邓洁是某公司办公室的一位文职人员，由于工作需要常常出入一些社交场合，所以她十分注意自己的形象，并为自己设计了一个别样的名片。一天她参加了一个大型的企业会议，会后大家聚在一起吃饭。与她同桌吃饭的人都是一些企业的领导，邓洁觉得交往机会难得，便趁大家吃饭中间互相介绍、互递名片的时候恰到好处地把自己介绍给大家。当各企业领导将名片递给邓洁时，邓洁总是面带微笑地将名片双手接过来，然后将自己的名片双手递给对方。整个动作表现得是那么自然、优雅，周围的人都投去了赞赏的目光。在这一接送名片的过程中，邓洁的形象自然得以提升。

那么我们在接递名片的时候，如何将自己的形象也塑造得更加美好呢？

1.名片的接受

接受他人名片时应起身站立，面带微笑，目视对方，双手接过名片后先认真看名片上所显示的内容，然后郑重地将其装入上衣口袋里，若有名片盒，也可以放入名片盒内。千万不要看也不看就装入口袋，也不要顺手往桌上一扔，更不要往名片上压东西。这样对方会感到受轻视。名片收到后，要说一句“很高兴认识你”或“一定拜访”等。如自己带了名片，还应回敬对方一张，以示尊重。但最好是在收好对方的名片后再将自己的名片递过去。如不能回送，应表示“对不起，我的名片用完了”。

如果你想得到对方的名片，而对方没有给你时，不要用生硬的语气说：“请给我一张名片。”而要用委婉谦虚的语气说：“可以给我一张您的名片吗?”“如果方便的话，能给我一张名片吗?”

2.名片的递交

递给他人名片时，应郑重其事，最好起身站立，走上前去，用双手或右手将名片正面交予对方。对方如果身份较高，应当用双手递交对方。对一般人，可以用右手递送，但态度要庄重大方，动作要轻缓。递交名片时一定要注意先后次序，一般是男性先向女性递名片，地位低的人先向地位高的人递名片。当给多人递名片时，应先将名片递给职务较高或年龄较大者，或按先后次序由近而远递交。

职场往来，礼貌周到

这里的职场往来主要指职场接待活动中的迎来送往。热情友好地欢迎来客，可以给客人留下良好的第一印象。周到、礼貌地送别宾客，可以给客人留下美好的回忆，为以后的往来奠定基础。

王宏大学毕业后，进入一家公司做业务员。工作不久，他就得到了领导和同事们的普遍赞赏，他的服务态度也得到了客户的广泛好评。原来，王宏是一个做事特别严谨、认真的人，他做任何事情都要事先作好计划，然后再按部就班地去实施自己的计划。在接待客人时，他总是先了解这是一个什么样的客户，这个客户在公司的时候会注意观察哪些东西，这个客户喜欢在哪些方面找问题，甚至连这个客户喜欢喝什么茶、喜欢吃什么东西，他都要提前一一了解，然后有针对性地作好准备与安排。所以，每次接待客户时，他都能给客户留下良好的印象。他联系的客户也一直和公司保持良好的合作关系。

看来，职场中，特别是企业活动中迎来送往做得好的话，不但能给个人带来声誉，也能给组织或企业带来效益。那么，职场中，迎来送往应该注意哪些礼仪呢？

1.迎接礼仪

迎接，是给客人良好第一印象的最重要的工作。给对方留下好的第一印象，就为下一步深入接触打下了基础。迎接客人应注意以下事项。

（1）对前来访问、洽谈业务、参加会议的外国、外地客人，应首先了解对方到达的车次、航班，安排与客人身份、职务相当的人员前去迎接。若因某种原因，相应身份的主人不能前往，前去迎接的主人应向客人作出礼貌的解释。

（2）主人到车站、机场迎接客人时，应提前到达，恭候客人的到来。

（3）接到客人后，应首先问候“一路辛苦了”“欢迎您来到……”等。然后向对方作自我介绍，如果有名片，可送予对方。

（4）迎接客人应提前为客人准备好交通工具，不要等到客人来了才匆匆忙忙地准备交通工具，那样会因让客人久等而误事。

（5）主人应提前为客人准备好住宿，帮客人办理好一切手续并将客人领进房间，同时向客人介绍住处的服务、设施，将活动的计划、日程安排交给客人，并把准备好的地图或旅游图等介绍材料送给客人。

（6）将客人送到住地后，主人不要立即离去，应陪客人稍作停留，热情交谈，谈话内容要让客人感到满意，比如客人参与活动的背景材料、当地风土人情、有特点的自然景观、特产等。考虑到客人一路旅途劳累，主人不宜久留。分手时将下次联系的时间、地点、方式等告诉客人。

2.接待礼仪

（1）客人要找的负责人不在时，要明确告诉对方负责人的去处，以及何时回本单位。请客人留下电话、地址，明确再次联系的方式：是客人来单位，还是我方负责人到对方单位去。

（2）客人到来时，负责人由于种种原因不能马上接待，要向客人说明等待的理由与等待时间，若客人愿意等待，应该向客人提供饮料、杂志，如果可能，应该时常为客人换饮料。

（3）接待人员带领客人到达目的地，应该注意正确的引导方法和引导姿势。

（4）诚心诚意地奉茶。我国人民习惯以茶水招待客人，在招待客人时，一要诚心实意，二要注意奉茶礼仪。

3.关注客人的需求

（1）信息需求。例如，企业客户到本地后需要与业务相关的其他信息。

（2）环境需求。例如，在天气很热时，客人希望这个房间很凉爽；如果这次服务需要等候很长时间，客人一定会需要一些书刊、杂志供他们阅读；等等。

（3）情感需求。客人都有被赞赏、尊重等各方面的情感需求，接待人员需要理解客人的这些情感。比如客人说：“今天太热了。”如果你能跟客人说：“今天天气是很热，我给您倒一杯水吧。”那么，客人听了心里就会感觉舒服很多。满足客人的这种需求难度相对较大，这就需要服务者有敏锐的洞察力，能够观察到客人的这些需求并加以满足。

4.送别礼节

常见的送别形式有道别、话别、饯别、送行四种。

（1）道别。按照常规，道别应由来宾先提出。道别时主人应说“一帆风顺”“多多保重”等礼貌语。当客人准备告辞时，道别应把握四大原则：一是真诚地挽留；二是起身在后；三是伸手在后；四是相送一程。

（2）话别。与来宾话别时，一要讲究主随客便，二要注意预先相告。话别的主要内容有：表达惜别之意、听取来宾的意见或建议、了解来宾有无需要帮忙之事等。

（3）饯别。指的是在来宾离别之前专门为对方举行一次饯别宴会。饯别宴会不在奢华，重在让对方感受到尊重与情谊。

（4）送行。指在重要客人离开本地之时，特地委派专人送行。一般礼节有：与来宾亲切交谈；与来宾握手作别；向来宾挥手敬意；等来宾走后，方可离开。但是要注意两点：一是切勿耽误来宾的行程，二是切勿干扰来宾的计划。

拜访的礼仪

拜访是人们协调人际关系的一种重要途径，也是交际场合中必不可少的一项活动。拜访也是一项礼仪活动，在什么时间拜访最佳、拜访时应该谈哪些内容等都是需要注意的。

张林是某市外事办公室的一名干事，有一次，领导让他负责与来本市参观访问的某国代表团进行联络。为了表示对对方的敬意，张林决定专程前去对方下榻的饭店拜访对方。

他先用电话与对方约好了见面的时间，并且告诉对方自己停留的时间。随后，他对自己的仪表进行了修饰，并准备了一些本市的风光明信片作为礼物。届时，张林如约而至，进门后，他主动向对方问好并与对方握手，随后作了简要的自我介绍，并双手递上自己的名片与礼品。简单寒暄后，他便直奔主题，表明自己的来意，谈完后便握手告辞。

作为一名公务人员，张林上述表现符合拜访的常规礼仪，展示了他训练有素的交际风采。那么，拜访的常规礼仪有哪些呢?

1.提前预约

拜访应选择适宜的时间，应以不妨碍对方为原则，因此需要事先以打电话、写信、网络联系等方式提前预约。注意避开一些特殊时段，不要在客户刚上班、刚下班、异常繁忙、正在开会时拜访。预约时要说清时间、地点和拜访的目的，让对方有所准备，不要贸然行事。

2.作好准备

提前了解拜访对象的基本情况，准备好相关材料，以免到达客户公司后，耽误自己和客户的时间。这样也可以用最快的速度和客户有效沟通需要解决的问题。

3.守时

准时抵达约定的拜访地点，这不仅有助于自己有效利用时间，更重要的是表现了对他人的尊重，如果迟到的话，会打乱原有的计划，引起对方的不快。为此，要计算好前往约定地点的路程和时间，充分考虑交通状况等可能发生的延误行程的各种情况，认真选择路线和交通工具，尽量在时间上留有余地。确实有特殊原因不能如约前往时，要及时向对方说明，另行约定时间，事后，真诚地向对方表达歉意。

4.注重仪表

拜访时，注重仪表不仅体现了拜访者的个人修养，更体现了拜访者对主人的尊重。拜访者的着装一般以整洁、朴素、大方为主，不必太过华丽，应整理头发，刮净胡须，服装整洁，鞋子干净。衣冠不整、蓬头垢面地去拜访他人，会给人不愉快的感觉。

5.注意言行举止

无论是到客户办公室还是到客户家拜访，进门前都要先敲门或按门铃，敲门不要用力过重，按门铃不要时间太长，获得准许后方可进入。进屋后，要自觉遵守社交场合的一切礼节，如握手、致意、交换名片。主人请入座后，方可坐下，并道谢。坐姿要端正，要专心与主人交谈，不宜喧宾夺主，不要因自己的语言和行为使主人感到为难。

6.适时告辞

拜访时间不宜过长，正式的社交访问，时间一般控制在半个小时到一个小时之间，初次拜访应该控制在半小时以内。如果对方要求，可以适当延长，但也不可拖得太久。因此，拜访中谈话应该紧紧围绕商定的主题进行，不要东拉西扯。交谈中，应该察言观色，灵活控制拜访活动的进程，特别是应能洞察主人的辞客之意。拜访结束后，应该有礼貌地与主人或其他客人致意道谢，告辞应利落、得体。行至被拜访者办公室门口或居室门口时，应请送行的被拜访者就此留步，并握手道别。若遇到其他朋友来访，应主动同主人相迎，热情问候后再离开。

参加宴会，注意礼仪

宴会是为了表示欢迎、答谢、祝贺等举行的一种正式的餐饮活动，是最常见的社交形式之一。懂得宴请礼仪常识，是现代人必须具备的一种社交能力。

小姜和同事受邀参加一个宴会。宴会结束后同事们含着责备的口气告诉小姜：以后参加宴会时要注意形象。原来，参加宴会时由于太热，吃着、吃着，小姜便不自觉地开始给自己“减负”。他先是松开了领带，接下来又解开了领扣，卷起了袖管，到后来干脆松开了腰带。当时，同事们觉得小姜的行为很不雅观，有失礼仪，但怎么给小姜暗示，他都没有反应。

所以，不懂餐桌上的礼仪不但使人尴尬，还会让人觉得缺少修养。那么，在参加宴会时应注意哪些基本礼仪呢？

1.适时抵达

适时抵达宴会地点，抵达时，如主人在迎候，应快步趋前与主人握手、问好，随主人或迎宾人员步入休息厅或宴会厅。如果无人迎候，可以直接进入宴会厅，找到主人并向其致意、问好。如是节日庆祝活动，应向主人主动表示祝贺。

2.有序入座

一般应由侍者或女主人（主人）引导客人入座，或自己按座位的姓名卡入座，不可随意乱坐。入座前可以将外套、围巾、帽子等脱下存入衣帽间或放在指定的地方，坐姿要端正、自然。

3.文明进餐

入座后，不要玩桌上的餐具。主人示意开始后方可进餐。进餐时要按照中餐或西餐的基本要求文明进餐，例如，吃东西时应闭着嘴细嚼慢咽，尽量不发出声音；喝汤时不要啜，若汤太烫，稍凉后再食用，忌用嘴吹去热气；嘴内有食物时切勿说话；吃剩的菜，用过的餐具、牙签等都要放入骨盘内，忌随意乱扔；剔牙时，要用手或餐巾纸遮口。

4.主动交谈

宴会过程中应该主动与同桌人交谈，特别是左右座，如互相不认识，可先作自我介绍。不能打断别人的交谈，交谈声音不能过大。如非主宾，应避免成为交谈的主角和核心。

5.礼貌祝酒

祝酒要根据宴会的性质，清楚为何人何事祝酒，祝酒词要不失高雅而有针对性。客人应在主人、主宾先后祝酒后向主人、主宾敬酒，不可以抢在主人和主宾前面先行敬酒。众人碰杯时，主人和主宾先碰，人多时可同时举杯示意，不一定每杯必碰。一般情况下要等主人或主宾先喝酒后，其他人方可跟随，不能碰杯之后不等别人就一饮而尽。宴会上应当相互敬酒以活跃气氛，但要适度、简约，不要将敬酒程序复杂化，也绝不可贪杯、酗酒，因酒失态。他人敬酒或大家一起干杯时，即使不喝，也应该将杯口在唇上碰一碰，以示敬意。别人为自己斟酒时，要欠身致谢；如不需要，可托词，也可用手稍盖酒杯，道谢并致歉。

6.谨慎宽衣

宴会过程中，无论天气多么炎热，均不得当众解开纽扣、拉松领带、脱下衣服。

7.遵议结束

宴会结束的提议应由主人或主宾提出，一般宾客不能主动提出结束宴席，如确有急事要提前退席，应先向主人、主宾申明解释，得到允许后，应主动向主人、主宾、其他客人敬酒，再向同席者一并致歉，最后告辞。如果主人或主宾提出结束宴席，应该立即响应，不能因为自己谈兴正浓或酒未尽兴而不响应或提出延迟结束的想法。

8.有序离开

宴会结束后应陪同主人共同恭送主宾离开，再向主人道别、致谢，向其他同席者道别，方可离开。

9.推崇简约

宴会开始前，礼貌地提示主人以简单、节约为主：不要有太多程序、不要占用太长时间，不要点太多、太贵的菜。宴会进行中，适时建议主人和服务人员停止上菜。宴会结束时，若有剩菜打包带走。

电话礼仪，勿扰他人

现代社会是一个快节奏、高效率的社会。电话已成为现代社会的主要通信工具之一。电话具有传递迅速、使用方便、失真度小和效率高的优点，因此人们对许多事务的处理都是借助电话来完成的。所以电话通信是一种重要的社会交往方式。但是，如果缺乏使用电话的常识，不懂打电话、接电话的礼仪，那么电话所传递的信息就可能产生障碍或引起他人的反感。

早晨上班后，老李无精打采的，同事老张问："老李，哪儿不舒服，要不要我帮你？"老李道："谢谢，不是不舒服，是昨晚没睡好。"老李接着说道："你也知道我的习惯，我每天晚上十一点准时睡觉，睡着后不能有打扰，一旦被吵醒，就会一夜睡不着。这不，昨晚刚睡着，一个电话就把我吵醒了，一看，快十二点了，我还以为是家人或单位有什么急事呢，原来是老刘打电话约着喝酒，你说我这个气呀。"

要注意打电话的时间。除了紧急要事之外，一般不在早上七点以前或三餐时或晚上十点半以后打电话，同时还应注意到各个国家和地区的时差。电话交谈所持续的时间以三到五分钟为宜。如果不是预约电话，时间超过五分钟，应首先说出自己要办的事，并询问对方是否方便；若对方此时不方便，应请对方另约时间或再定方式。

另外，一定要注意接电话、打电话的礼仪。

1.打电话的礼仪

（1）作好打电话前的准备。打电话前要考虑好通话的大致内容，如怕有遗漏，则应事先记下几点以备忘。还要在电话机旁备有常用的电话号码表和作电话记录的笔和纸。

（2）电话拨通后，应先说一声“您好”，然后问“这里是×××单位吗”，得到明确答复后，再自报家门“我是××单位××”，然后报出自己要找的人的姓名，“麻烦您找××先生听电话，谢谢”。不要不报家门就直奔主题，让对方摸不着头脑。

（3）如对方帮你去找人听电话，打电话的人应手握话筒等待，不能放下话筒干别的事情。

（4）如对方告知“你要找的人不在”时，切不可立刻挂断电话，而应说“谢谢，我过会儿再打”，或“如方便，麻烦您转告××”，或“请告诉他回来后给我来个电话，我的电话号码是××”等。

（5）如电话号码拨错了，应向对方表示歉意，切不可无礼地挂断电话。

（6）打电话时要口对话筒，面带微笑。说话声音不要太大也不要太小，语调过高，语气过重，会使对方感到尖刻、严厉、生硬、冷淡；语气太轻，语调太低，会使对方感到无精打采、有气无力；语调过长显得懒散拖拉；语调过短又显得不负责任。一般来说，语气适中，语调稍高，尾音稍拖一点才会使对方感到自然亲切。另外说话要富于节奏，简明扼要，吐字清晰，切忌矫揉造作、嗲声哆气。

（7）电话结束时，一般以拨打电话一方说“再见”结束通话。

（8）在通话时，若电话中途中断，按礼节应由打电话者再拨一次，拨通以后稍作解释。

2.接电话的礼仪

（1）电话铃声响起不超过三遍受话人就应该拿起话筒说：“您好！这里是……”

（2）在听电话时，应注意不时说“是”“好”之类的话，让对方感到你在认真地听，不要轻易打断对方话。

（3）如对方不是找你，你应礼貌地请对方“稍等”。如找不到听电话的人，你可以主动提供一些帮助，如“需要我转告吗”或“需要我记录吗”。

（4）对方如要求电话记录，你应马上拿过纸和笔进行记录。电话记录一般包括以下内容：谁来的电话、找谁、来电内容、来电原因、来电提到的地点、来电提到的时间。对数字或有关重要内容可重复一遍核对。通话结束后，写上电话记录的时间及何人所记，及时交给有关人。

（5）如对方找的是你的上司，上司刚好不在，你最好告诉对方上司不在并致歉，然后询问对方是谁、是否需要记录等。不要先问对方是谁，然后再告诉他经理不在，以免给人造成实际上是在的，而不愿接他电话的误会。

（6）通话结束后不要立刻挂断电话，甚至对方话音没落就挂断电话。如对方是长辈、上司、外宾或女性，要听到对方放下话筒后再挂电话。挂电话的声音不要太响，以免让人产生粗鲁无礼之感。

（7）对方打错电话时，也要有礼貌，对方道歉时你要说“没关系”。

（8）接电话时，尽量不要干别的事，如中途有事，必须走开，时间不要太长，而且应恳请对方原谅。

3.挂电话的礼仪

通话结束后也应有礼貌，一般是打电话的人先说结束语，如“麻烦你了”“打扰你了”“谢谢”“再见”等，然后轻放话筒。

手机礼仪知多少

如今，随着科技的发展，手机已经成为人们最主要的沟通工具。职场中，我们需要用手机来联系业务，进行咨询、交流等活动。在这些活动中如果不懂手机礼仪，将是一种不礼貌的行为。

“喂，我在开会呢，你说，啥事儿？”会场上，当大家都聚精会神地听领导讲话时，一个高分贝的通话声把大家都拉向了一个方向：话源地。大家都扭头看着“发声源”，可打电话者似乎根本就没感觉到大家的不满，继续按原有分贝讲电话，而且声音越来越大，大有盖过领导讲话之势。一些人忍不住了，低声道：“太没素质了，要打电话就出去打嘛。”

那么，社交场合或工作中如何使用手机才不失礼仪呢？

（1）公共场合，手机在没有使用时，都要放在合乎礼仪的常规位置。放手机的常规位置有：一是随身携带的公文包里；二是上衣的内袋里。有时候，可以将手机暂放在腰带上或不起眼的地方，如手边、背后、手袋里，但不要放在桌子上。

（2）在会议中，和别人洽谈的时候，手机最好关掉或调到震动状态。这样既显示出对别人的尊重，又不会打断讲话者的思路。若确实需要使用手机时，应暂时告退，找一个僻静的地方通话。不要影响别人，干扰秩序。

（3）在公共场合、工作中使用手机时，讲话的声音一定要放小，不要一接到电话就旁若无人地大声嚷嚷，完全不顾及他人的感受。在办公室里，如果没有特殊的情况，应该将手机调成振动或者静音状态，除非此时真的有非接不可的电话。即使有也应该简明扼要，切不可通话时间过长。因为在办公场合接私人电话是一件很不礼貌的事情，领导也常常会以此来评论你的敬业态度和工作业绩。

（4）给对方打手机时，如果对方是身居要职的忙人时，首先想到的是，这个时间他方不方便接听，并且要有对方不方便接听的准备。注意从听筒里听到的回音来鉴别对方所处的环境，如果很静，应想到对方在会议上；当听到噪音时，对方就很可能在室外。有了初步的判断，对能否顺利通话就有了准备。但不论在什么情况下，是否通话还是由对方来定为好，所以“现在通话方便吗”通常是拨打手机的第一句问话。其实，在没有事先约定和不熟悉对方的前提下，我们很难知道对方什么时候方便接听电话。所以，在有其他联络方式时，还是尽量不打对方手机为好。

（5）在使用手机前，应注意观察周围是否有禁止无线电发射的标志。无论你的业务有多忙，为了自己和他人的安全，在飞机上也应关掉手机，以免干扰通信、影响飞行安全。

（6）在一些场合，如在电影院或剧院打手机是极其不合适的，如果非得回话，采用静音的方式发送手机短信或许是比较适合的。

（7）在和同事、上司或者客户吃饭时，一定要关掉手机或者把手机调成振动、静音，这是对对方的一种尊敬。

（8）在和同事、上司或者客户交谈的时候，如果有电话进来，应立即挂断。一边和他人谈话，一边查看手机短信，对他人同样是一种不尊重的行为。在交谈时，如果是紧急电话，必须接听，那么你应该先征求交谈者的意见，在对方同意的情况下再去接听电话。接电话时不要正对交谈对象，在通话结束后要恳请对方的原谅。

（9）切忌将手机整日拿在手里，这是一种很不文明的表现。特别是在和客户聊天的时候，如果你在摆弄手机，这无疑会让客户觉得你不尊重他，从而导致谈话无法进行。

短信虽短，礼仪长存

如今，短信沟通已经成为职场交往的一种主要形式，它有着其他通信方式不可替代的作用。短信交流时，一定要注意短信礼仪，否则会使人觉得你缺少基本的修养。

一位女士在台下开会，会议冗长又没有太多实质性内容。闲来无事，她给朋友发起了短信："干吗呢？"朋友怕不回短信不礼貌，回答说："正上班呢！""有什么好忙的？给你发个笑话放松放松！"这位女士开了三个小时会，发了两个半小时短信，她朋友的手机不停地响起，不看怕耽误事，看了不回又觉得不合适。就这样，这位朋友一下午就因为这"短信骚扰"什么也没干成。

像这位女士为了打发时间而狂发短信的人现在并不少，但你发短信时是否考虑过别人忙不忙或回复者的感受呢？这些都是我们不得不知的短信礼仪。

1.发短信一定要署名

短信署名既是对对方的尊重，也是达到目的的必要手段。如果是正事，不署名更会耽误事。

2.短信祝福，一来一往足矣

现在每逢节日，人们都会发短信祝福。来而不往非礼也，所以别人发来短信，自己就要回一个。接到对方短信回复后，一般就不要再发致谢之类的短信，因为对方一看，又得回过来。就祝福短信来说，一来一往足矣。

3.有些重要电话可以先用短信预约

有时要给身份高或重要的人打电话，知道对方很忙，可以先发短信询问“是否方便给您打电话”。如果对方没有回短信，一定不是很方便，可以过段时间再拨打电话。

4.上班时间不要没完没了地发短信

上班时间，即使不忙，也不能没完没了地发短信。这样不但影响自己的工作，也会打扰对方工作，甚至可能让对方违纪。如果对方正在主持会议或者正在商谈重要的事情，闲聊天式的短信更会让对方心中不悦。

5.发短信不能太晚

有些人觉得晚上十点以后不方便给对方打电话了，发个短信告知就行。短信虽然更加简便，但如果太晚，也一样会影响对方休息。

6.提醒对方最好用短信

如果事先已经与对方约好参加某个会议或活动，以免对方忘记，最好事先再提醒一下。提醒时最好用短信而不要直接打电话。打电话似乎有不信任对方之感，短信就显得亲切得多。短信提醒时语气应当委婉，不可生硬。

7.不要在别人能注视到你的时候查看短信

一边与人交谈，一边查看手机短信，是对别人的不尊重。

8.在短信的内容选择和编辑上，应该和通话文明一样重视

不要编辑或转发不健康的短信，一些讽刺伟人、名人甚至革命烈士的短信，更不应该转发。

9.及时删除自己不希望别人看到的短信

一些人经常把手机放在桌上，如果出办公室办事或者去卫生间，也许有好奇之人就会顺手翻看短信。如果上面有一些并不希望别人看到的短信，就可能引起麻烦。如果不幸被对方传播出去，后果就更严重。因此，不希望别人看到的短信一定要及时删除。

第五章　职场操守：忠诚敬业有责任

■忠诚，就是尽心尽力、忠于人、勤于事的奉献情操，它是一种发自内心，饱含付出、负责甚至牺牲的精神。

职场需要忠诚

忠诚，就是尽心尽力、忠于人、勤于事的奉献情操，它是一种发自内心，饱含付出、负责甚至牺牲的精神。忠诚是员工的立身之本，有忠诚之心，才会有独特的人格魅力，才会拥有更好的职业声誉。

一名退伍军人到某大公司应聘，经过几轮艰苦的面视，最后到了笔试环节。笔试的内容有：请你写出原单位名称、单位人数、你在单位负责什么、你将为本公司提供什么有价值的材料……或许有过内心的挣扎，或许有过反复的权衡，面对优厚的待遇，这位退伍军人最后选择了放弃答题。公司发现后，调阅了他的全部应试资料，对他给予了这样的评价：懂得保守军事秘密的人，同样懂得保守商业秘密。具有忠诚秉性者应当优先予以录用。在这场特殊的应聘考试中，这位退伍军人无疑给出了最正确的答案。

忠诚建立信任，忠诚建立亲密。只有忠诚人，周围的人才会信任你、承认你；只有忠诚，周围的人才会接近你、容纳你。家庭需要忠诚的爱人，企业需要忠诚的员工……

作为一名员工，忠诚于公司（组织）有其必然的理由。

理由1：因为你是公司的一员。任何公司都要求员工忠诚于公司。

理由2：忠诚于公司，你才能得到公司的喜欢与信任。

理由3：忠诚会为你赢得良好的职业声誉和个人信誉。

理由4：忠诚会赋予你工作的激情。

理由5：只有忠诚于公司，努力为公司工作，你的才华才能够得以施展。

理由6：只有忠诚的人，才能够找到职业的归宿感。

那么，怎样判断一个人对公司（组织）忠诚与否呢？《忠诚胜于能力》一书给出了五项标准。

标准1：具有无私奉献精神，在个人利益上不会斤斤计较。

标准2：勇于承担责任，有任务不推诿，工作出现失误不找借口。

标准3：总是站在公司的立场上开展行动，即使在无人知道的情况下，也会主动维护公司的利益。

标准4：绝不利用职权或职务之便为自己谋取私利。

标准5：忠诚不是表现在口头上，而是拿业绩来证明的。

组织秘密，三缄其口

任何一个组织都有组织秘密，尤其是企业，企业的秘密往往关乎企业的生存与发展。所以，企业在用人合约中一般都签有保密条款。

吴某是某电脑公司的软件设计人员，与公司签订了为期三年的劳动合同，双方约定：乙方（指吴某）保证在离开甲方（指电脑公司）的一年内，不得在甲方同行业的其他企业内就职。否则，须向甲方支付五十万元罚金。劳动合同履行一年后，吴某就不辞而别到另一家同行业企业任职，并且带去了在甲方公司与同事一同开发设计的成果。吴某之所以跳槽到另一家公司，就是因为这家公司知道吴某和其同事的研发成果，给其开出了更为优厚的薪酬。吴某的做法使甲方蒙受了巨大的损失。于是，甲方向法院起诉，要求吴某承担五十万元违约金。

在我们工作的环境里，总是充斥着各种各样的诱惑，一名忠诚的员工永远不会被利益诱惑而做出违背道德原则的事情。如果一个人为了一丁点儿利益就出卖组织的话，这样的人在世界的任何角落都不会受到欢迎，因为他出卖的不仅仅是组织利益，还有他自己的职业道德、人格和尊严。

那么，企业员工如何做到保守企业秘密呢？

1.不该说的不说

如果不知道什么该说什么不该说，最好的办法就是，除了企业已经公开披露的信息，其他任何关于企业的信息都不说。如果可以跟外界透露，企业自然会通过正式的渠道发布。企业没有发布的，自己多嘴说出去，就有可能泄密。而且，一些很不起眼的小事情，或者企业内部人所共知的不重要信息，对竞争对手而言也可能非常有价值。

小王是一家咨询公司的前台，对公司机密了解得非常少。接触到的信息，无非是最近谁到哪里出差了，要订什么机票；今天哪家企业要来公司访问，要订什么餐厅和宾馆；等等。她怎么也想不到，自己竟然会因为泄密而受到公司的处分。

一天，小王和朋友喝茶，朋友给她引荐了就职于另外一家公司的一位新朋友。席间，这位新朋友问起小王工作的情况，并顺带问了问小王公司的情况。小王为了体现自己公司是有实力的大公司，就顺口举了几个客户作为佐证。不想言者无意，听者有心。这位新朋友听了小王说的客户后，立刻着手查找信息，搜集关系，将小王所在公司快要签订的一个项目取而代之。老板非常生气，查找下来，发现是小王的问题，考虑到她是无意的，公司没有辞退她，而是取消了她的年终奖和加薪的机会。

小王的事情还不是很严重，有些不经意的泄密，甚至会使企业破产。因为通过这些小事情，竞争对手可以顺藤摸瓜了解更多的信息，再加上其他渠道信息的佐证，竞争对手就能全面透彻地了解企业，并可能形成针对性的措施，确保自己处于不败之地。

2.不该问的不问

每个职位都有一定的权限，也有一定的责任，该了解什么信息，该承担什么责任，一般都是清晰的。该你知道的信息，你不问也会告诉你。不该你知道的信息，你问，则会将双方推入尴尬的境地。别人不回答你，你会觉得没面子；别人回答你，又违反了相关规定。这种让双方都不快的事情，最好不要做。

小张是一个积极主动的员工，对公司的事情很热心，帮助上司处理了很多棘手问题。有一次，小张问上司："听说公司买了一辆好车，怎么从来没有看公司谁开过，也从来没有在公司见到过？"上司看左右没人，就告诉他："这辆好车虽然是公司出钱买的，不过那是给别人买的。公司的一大块业务，就是现在使用该车的人介绍的。"不久，这个消息在公司内传得沸沸扬扬。小张丢了工作不说，小张的上司以及财务人员也被辞退了。

不该问的别问，其实也是在保护别人和你自己。这样，即使那些别有用心的人想通过你来探听企业机密，你也没有什么机密可以透露。如果是偶然聊天，你也不会为是否泄露了企业的秘密而担惊受怕。

有些事情若他人问起，不能说的，要学会委婉地拒绝。

罗斯福曾经就任美国海军助理部长。有一天，他的好朋友来拜访他。聊天时朋友问起海军在加勒比海一个岛屿建立基地的事。"你只要告诉我……"这位朋友说，"我所听到的有关基地的传闻是否确有其事？"朋友要打听的事在当时是不便公开的，可是，如何拒绝好呢？罗斯福望了望四周，压低嗓音向朋友问道："你能对不便外传的事保守秘密吗？""能！"好友连忙答道。"那好！"罗斯福微笑着说，"我也能！"

3.不该听的不听

有意或无意听别人谈话，会让别人没有安全感。所以，在别人谈话时，如果条件允许的话，最好自觉地到安全距离之外。若条件不允许，无意中听到，记住一定要保守别人的秘密。保守别人的秘密不仅是礼仪问题，也是品德问题。

另外，在保守企业秘密上还要做到：严格遵守双方签订的保密协议、自觉接受企业保密监督等。

敬业，是做好工作的前提

一个人是否有作为不在于他做什么，而在于他是否能尽心尽力地把所做的事做好。干一行，爱一行，精一行，这就是敬业。敬业精神是个体以明确的目标选择、忘我投入的精神、认真负责的态度，从事工作时所表现出的个人品质。

在美国标准石油公司，有一位名叫阿基勃特的小职员。每次远行住旅馆时，他总会在自己签名的下方写上“每桶四美元的标准石油”，书信及收据上也不例外。他因此被同事叫作“每桶四美元”，他的真名反倒没有人叫了。公司董事长洛克菲勒知道此事后，大为感叹：“没想到竟有如此敬业的员工，我要见见他。”洛克菲勒卸任后，阿基勃特便成为该公司的第二任董事长。

一名员工，只有具备敬业精神，才能在工作中积极主动，才能把工作做好。员工的敬业精神越强，工作效率就越高，组织的发展也就越迅速。那么，作为一名员工，如何做到敬业呢？

1.珍惜工作岗位

现在社会竞争激烈，只有珍惜工作岗位、勤奋工作才能保住“饭碗”，在保住“饭碗”的基础上，才能把工作岗位作为人生旅途拼搏进取的支点，去求发展、求进步。

2.端正工作态度

工作态度是衡量一个员工是否敬业的重要标准，假如一个员工连基本的工作态度——热爱本职工作、积极主动、有责任心、干事不拖拉都没有的话，他又如何能对本职工作尽职尽责呢？又如何做到敬业呢？所以，端正工作态度是敬业的前提。

毕业后，王丽应聘到一家外企。她每天上班的工作就是：拆应聘信，翻译；翻译，拆应聘信。这样的工作索然无味，且每天的工作量极大。可是王丽却一丝不苟，一直耐心仔细地做。不久后，王丽就被提升为人事部经理。升迁的理由是：一个名牌大学毕业的研究生，每天千篇一律地拆信，并在几十封信中，不厌其烦地整理出有价值的信，推荐给老板，展示了她的敬业精神。

3.积极主动

积极主动不仅是积极主动地做事，更主要的是在不破坏组织内部各种秩序的情况下，积极主动地把事情做在前面。

一位人力资源管理专家对敬业的标准作了一个量化：

十分=创造者或者把事情做在前面的人；

五分=努力认真地做好本职工作；

一分=我已经超负荷工作了。

由此可见，把事情做在前面是评价一个员工是否敬业的关键标准。

1997年，福特公司60%的杂志广告是针对男性的，只有10%是针对女性的。福特公司的一名广告策划副经理罗伯特通过对市场的深入调查发现，在汽车市场，女性购买者占65%，因此便将60%的广告目标投向女性。当董事会意识到女性市场的重要性时，董事们惊喜地发现，罗伯特已经着手解决此事了。由于他把事情做在前面，为福特汽车占领女性市场赢得了巨大的先机，不久便被董事会提升为部门经理。

老板偏爱敬业的员工。罗伯特就是这样一个人，他不仅善于发现契机，更重要的是能在别人行动之前就抓住契机。倘若他是一个对老板亦步亦趋的人，不主动去作市场调查，不果断地把广告投向女性，他也许会在原先的岗位上庸庸碌碌地一直待下去。优秀员工与普通员工最大的差别就在这里，考查一个员工是否敬业最高的标准也在这里。

4.有责任心

一个好的员工一定是一个有责任心的员工，他会为企业的发展尽心尽力，而不会斤斤计较个人利益，也绝不会把工作作为例行公事，“做一天和尚，撞一天钟”。

5.有自律能力

如果一个人没有自律能力，那他在工作上的敬业程度就会大打折扣。一位资深的人事经理说过这样一段话："我们上班的时间是八点半，有人八点二十就到了，有人八点半到，也有人八点四十才到。在平时是看不出这三类人有什么本质区别的。但是在关键时刻，或许就会因为迟到十分钟的习惯误了大事。"所以，敬业，先谈自我约束和自我管理的自律能力。

6.善于学习

要想做好本职工作，使自己变成一个敬业的员工，就必须不断地学习新的知识。只有常备一颗上进心，不断学习、善于学习，工作才能有进步，事业才能有发展。善于学习会使你对不断变化的环境应付自如。

尽职尽责做好本职工作

做好本职工作就是无论在什么工作岗位上，都能兢兢业业、勤勤恳恳、任劳任怨地发挥自己的智慧和才干。

小丽是一个很有文采的女孩子，大学毕业后应聘到一家企业做文秘工作。虽然是试用期，但凭着出色的文笔，小丽马上就被确立为公司文案方面的重点培养对象。但小丽对工作没有正确的认识，工作态度极不端正。当公司把一个计划书交给她后，她竟然从网上抄袭，甚至把企业名称都抄了过来。为此，老板很生气，严肃地批评了她。不久，又让她根据各个部门上报的材料写一个活动总结，但她交上来的总结居然是各部门材料的堆加，有些地方连句子都没顺。公司再不能接受这样敷衍了事、对工作不负责任的员工了。于是，试用期结束后，小丽就永远地离开了这家公司。

只有尽职尽责，才会把工作做好。做好本职工作要做到以下几点。

1.具有主人翁意识

任何一个组织其实都是由多人组成的一个大家庭，如果每一个员工都能像精心呵护自己的小家庭一样对待组织这个大家庭，他怎么可能不积极工作使这个大家庭越来越兴旺呢？怎么可能还要在别人的督促下才工作呢？

2.摆正个人与组织的关系

把个人的抱负同组织的目标相结合，才能做到积极主动地工作。当你把个人的抱负融入组织的目标之中，对工作全力以赴、尽职尽责时，组织的目标达到了，个人的抱负也会实现。否则，只是追求个人抱负，眼高手低，工作敷衍了事，谁能信任你、重用你？又怎能实现抱负？

3.积极主动地工作

任何一个员工，都不能只是被动地等待别人告诉你去做什么，而是应该主动去了解自己应该做什么，还能做什么，怎样才能精益求精、做得更好。要认真地进行规划，并且全力以赴地去完成。懒惰的人、等待吩咐的人只会在成功门外徘徊，要想成功就要有进取心。

4.尽职尽责地工作

（1）每天将手头上的事按照轻重缓急依次处理，不要胡子眉毛一把抓，要讲究工作效率。

（2）今天的事情今天做完，不要留到明天。要知道，有时候工作是不等人的，谁知道后面又有什么工作等着你呢。

（3）尽职尽责地把工作做好，不要敷衍塞责，不要得过且过。对工作的不负责任归根结底是对自己的不负责任。

（4）在工作要求的范围内，有创造性地开展工作，不但能够促进个人的成长，而且会使你的职场生涯更为辉煌。

历练心境，承担责任

每个人都有自己应该承担的责任和使命，责任是一个人的立身之本。我们在生活和工作中常常发现，只有那些勇于承担责任的人才能够得到领导的赏识，才有资格获得更多的荣誉。

小李是某网络公司的一名职员，他所在的公司主要为客户提供网站建设服务、为企业提供电子商务平台产品。

最近，小李有一个业务总是谈不好，先后交了三份网站建设框架方案建议书，客户仍然不满意。网站建设的费用不高，而客户又有太多要求，小李有点不耐烦了，准备放弃这位客户。当他找到经理时，经理看了方案建议书后问小李："是否和客户进行过详细的交流？"小李回答："因为要跟其他客户谈业务，所以就没时间进行交流。"经理又问："是否对该企业的平台需求进行过调研？"小李回答："宣传型网站基本上都是这个框架，所以没有调查。"经理听后，很生气地说："你这是对工作负责的态度吗？没有经过调研，又没有和客户交流，随便做个方案，有哪位客户会接受？"小李也大声地说："这不是我的责任，是客户太挑剔了！"

一个人责任感的强弱决定了他对待工作是尽职尽责还是敷衍塞责。没有责任感的人只会推诿责任，而有责任感的人则会从小事做起，做好自己职责范围内的一切工作。

1.尽心做好每件事

每个人所做的工作，都是由一件件小事组成的。只有把每件小事做好，才能成就大事。

2.每天多做一点点

尽职尽责完成自己工作的人，只能算是称职的员工，如果工作中再"多做一点点"，就可以成为优秀的员工。这一点是一种责任，更是个人经历、知识或经验的一种积累。

3.历练心境，培养责任感

员工在工作中，凡事勿急功近利。先要历练自己的心境，沉淀自己的情绪：从零做起，从小事做起，逐渐养成良好的责任感，要让责任感成为员工的一种习惯、一种生活态度。

4.勇于承担责任

任何一个领导都清楚，一个能够勇于承担责任的员工，对组织有着重要的意义。问题出现后，推诿责任或者找借口，都不能掩饰一个人责任感的匮乏。因此，工作中一旦出现问题，要敢于担当，并设法解决。在领导眼里，习惯推卸责任的员工，是一个不可靠的人。对自己的行为负责，对组织和领导负责，对他人负责，这才是好员工。也只有这样的员工，才能在组织中有所发展。

没有规矩，不成方圆

职场中，规矩就是规章制度。规章制度是组织管理中各种条例、章程、制度、标准、办法、守则等的总称。它是用文字形式规定管理活动的内容、程序和方法，是管理人员的行为规范和准则。

小丽是个爱打扮的姑娘，每天早晨起床后，总是要花很长的时间来打扮自己。这个月，她因为化妆时间较长，已经迟到三次了，这次又迟到了五分钟，小丽一进办公室，就猫下腰往她的办公桌走去。当她走到办公桌跟前抬头时，撞到一个人，是部门主管。小丽吓了一跳，赶紧低下头。主管说：“我就在你这儿等着，看看你究竟能迟到多长时间？”小丽不好意思地继续低着头。主管很生气地说：“不知道今天开会吗？知不知道今天这个会很重要？”小丽猛地抬起头：“呀，我给忘记了。”主管不客气地说：“你能记住什么？这个月几次了？如果不想在这儿干，走人吧。想来我这儿的人多的是，没见过像你这样的。”主管越说越生气，话也越说越难听，小丽伤心地哭了起来。最后，主管决定再给她一次机会，如果她再迟到一次，就要被辞退。

“没有规矩，不成方圆”。对组织而言，规章制度就是用来约束员工行为的，规章制度面前人人平等。因此，要做一名好员工，首先要遵守各种规章制度。具体说来，就是要做到以下几点。

（1）自觉遵守工作纪律，按时上班，不迟到，不早退。上班时间不做与工作无关的事。不擅自离开工作岗位，因病、因事请假应按照规定办理。工作或联系业务时报告主管领导，以保证人身安全和工作顺利进行。

（2）遵守组织制定的一切规章制度。规章制度一般都是在深入讨论或民主集中基础上形成的，因此，一旦成文，大家都必须严格执行，不允许由于自身原因无视或破坏规章制度，也不允许领导者凌驾于规章制度之上。

（3）遵守行业规范。不同的行业（组织）有不同的行业规范，工作时要自觉遵守行业规范。

工作会议，礼仪与责任并存

开会已成为日常工作的重要组成部分，无论是机关单位还是企业公司，大到每月，小到每天，都有会议要开。开会的目的无非是传达上层精神、安排具体工作、解决具体问题或总结成绩。可就是这个司空见惯的会议，也常常不尽如人意。

周一一上班，经理就告诉办公室秘书小张：通知各部门全体员工周五开会。接着经理把会议的内容、要求及具体时间等都告诉了小张，并且特别强调周五早晨八点准时开会，不得迟到与无故缺席，如有要事必须请假。经理要求小张将上述内容尽快下文通知各部门，并准备好开会的相关事宜。

周五早晨八点会议如期召开，经理走上主席台往会场下一看，感觉人没有到齐。因为整个公司有一百多名员工，除一些因事外出和因岗离不开的请假外，起码还有八九十人，但台下人员明显不够。这时经理把小张叫到台前，让其点名查看哪些部门的哪些人没到。小张嗫嚅道："我没拿签到册。"经理又说："赶快回办公室去拿。"小张犹豫了一会，说道："旧的用完了，新的还没准备……"

作为一名主管办公室日常事务的工作人员，会前作好各种准备是自己的工作职责，也是会议的基本礼仪。只有各种准备工作做好了，会议才能有序完成。那么，会议过程中需要做好哪些工作准备呢？

1.会议准备

（1）会场的布置。会议举行的场地要有所选择，会场的桌椅要根据需要作好安排，开会时所需的音响、照明、投影、摄像、摄影、录音、空调、通风设备和多媒体设备等，应提前进行调试检查。

（2）会议用品的准备。会议用品，如座位签、饮料、黑板、白板、纸张、笔具、资料、签到簿或名册等，要事先准备好。

（3）会前的签到。为掌握到会人数、严肃会议纪律，凡大型会议或重要会议，通常要求与会者在会议开始前签名报到。

（4）座次的排定。举行会议前，应事先根据会议的规模排定与会者的座次，特别是重要与会者的座次。

2.与会礼仪与责任

（1）参会者礼仪与责任。参会者应衣着整洁，仪表大方，准时入场，进出有序，依会议安排落座。会议开始前应将手机关闭或置于静音状态，开会过程中没有特别重要的事不允许接打电话。开会时认真听讲，作好记录，不私下小声说话或交头接耳。讨论时积极参与，踊跃发言。发言人发言结束时，鼓掌致意。中途退场应轻手轻脚，不影响他人。会议结束后应及时汇报会议精神，或尽力做好会议安排的各项工作。

（2）主持人礼仪与责任。①主持人礼仪：主持人应衣着整洁，大方庄重，切忌不修边幅、邋里邋遢。说话时应口齿清楚，思维敏捷，简明扼要。如果是站立主持，应双腿并拢，腰背挺直；坐着主持时，应身体挺直，双臂前伸，两手轻按于桌沿。主持过程中，切忌出现搔头、揉眼、拦腿等不雅动作。②主持人责任：做好会议主持的各种准备工作；调控会议的有序进行；对会议进行总结，或对会议精神、主要工作进行强调、布置。

（3）发言者礼仪与责任。会议发言有正式发言和自由发言两种，前者一般是领导报告，后者一般是讨论发言。正式发言者应衣着整洁，走上主席台时应步态自然、刚劲有力；发言时应口齿清晰，讲究逻辑，简明扼要。自由发言则较随意，但要注意不能争抢发言；发言应简短，观点应明确；与他人有分歧时，应以理服人，态度平和，听从主持人的指挥，不能只顾自己。无论是正式发言还是自由发言都要作好发言准备，尤其是自由发言者不能信口开河或所发之言使他人不知所云。发言者要遵守会议要求，如严格遵守会议发言时间等。发言者一定要注意听众的感受，发言时要不断用眼神或语调与听众交流，把听众的注意力集中在发言的内容上。发言完毕，应对听众的倾听表示感谢。

使用电脑，莫忘责任

电脑是现代信息传递的主要工具，它给我们工作带来很多方便的同时，也带来了礼仪与责任方面的一些新问题。

十一长假后，老王早早地来到了办公室，这是他多年来养成的习惯，另外他也想早点到办公室把卫生打扫打扫，让大家有一个愉快的心情开始新的工作。可刚开始擦桌子时他就有点郁闷了，因为他擦到小赵桌子的时候，发现小赵的电脑竟然还开着。难道一个假期小赵都没关电脑？他带着疑问询问随后进来的小张，小张说，小赵还在外地没回来呢，她已经跟领导请假了。老王明白了，肯定是放假前小赵就没有关电脑。这种事已经发生过多次了，每次说小赵，她要么说忘了，要么说刚打开电脑。老王给领导反映过，领导也批评过小赵，可她还是一如既往。私下里同事们也议论，有的说小赵习惯不好，有的说小赵个性就那样，对什么事都没有责任心。

是的，经常不关电脑是不好的习惯，但究其原因主要还是责任心的问题，是基本的礼仪问题。因此，单位使用电脑时既要注意礼仪，也要强化责任。

1.爱护电脑

（1）不使用时及时关机。

（2）外接插件时，要及时、正常退出，避免数据丢失、电脑崩溃等故障。

（3）擦拭干净，注意显示屏的擦拭与保护。

（4）适时升级或杀毒，保证电脑长久运行。

2.遵守单位使用电脑的基本规范

（1）不在电脑上玩游戏、看电影等。

（2）不在网络上聊天、网购等。在单位上网只允许做与工作有关的事，或查找与工作相关的资料，其他不允许做。

（3）规范使用电子邮件。①正确撰写电子邮件。撰写电子邮件必须注意礼貌用语；撰写英文邮件时不可全部采用大写字母；注意署名。②及时接收与回复与工作有关的电子邮件。③定期整理收件箱。对不需要保存的邮件及时删除，以免邮箱过于拥挤；对需要保存的邮件，分门别类予以保存。

3.遵守职业操守

保守国家、单位机密。为防万一，职场人士应对重要的资料采取严格的加密措施。

4.遵守法律与网络道德

国家法律不允许做的事坚决不做。按照网络道德的基本要求规范自己的网络行为。

低碳，生态时代的环保责任

目前，人类文明已经由工业文明走向生态文明。生态文明是针对工业文明所带来的人口、资源、环境与发展的困境，选择和确立的一种新的生存与发展道路，这种道路就是在人类走向高度文明的同时，一定要做到人与自然和谐相处。否则，沙尘暴、灰霾等恶劣天气或自然环境不但会严重影响人们的身心健康，还会延缓或迟滞我们迈向文明进程的步伐。那么，作为职场中的一员，我们如何做到低碳环保呢？

1.节约

（1）节约用电

①随手关灯。

②不使用电器的时候把电源断开。

③注意空调的使用方法。夏季办公室空调温度可以设置在26~28度之间，冬季控制在15~18度之间。这样，既能保持人体机能的正常水平，又能达到省电的效果。另外，使用空调时注意关好门窗，午休或者办公室没有人的时候关闭空调。当然，如果条件允许的话尽量不装空调或少开空调。

（2）节约纸张

①办公用纸双面使用。

②不要随便扔掉白纸或使用不完全的纸，要养成充分利用纸的空白处做草稿纸、便条纸等的习惯。

③少发或不发贺卡。

④使用再生纸及再生纸制品，节约木材资源。

（3）少用一次性制品

①在单位用餐时，自带饭盒少用一次性快餐盒。

②出差、参观学习、检查工作时，自带水杯，以减少纸杯、塑料饮料瓶等产生的垃圾。

③少使用木杆铅笔。

总之，我们要养成节约的好习惯，从自身做起，从一点一滴做起，节约用水、节约粮食等，反对铺张浪费，倡导绿色消费。

2.减少污染

（1）减少空气污染

①减少尾气排放。上班时多利用公共汽车、电车、地铁等公共交通工具，尽可能少开私家车，这样既可节约汽油，又可减少汽车尾气排放带来的大气污染，还可缓解道路的堵塞。自己开车的话，最好使用无铅汽油。铅会严重损害人的健康和智力。

②节庆日时，少放烟花爆竹。

③单位或个人外出就餐时，少吃或不吃烧烤类食品。

④外出时尽量骑自行车。骑自行车外出在很多国家已成为一种环保时尚。

（2）控制噪声污染

①在各种公共场合，不高声喧哗、大喊大叫。

②在单位看相关工作视频时，不要把音量调得太大；与来访者进行交谈时尽量轻声细语。

③养成轻开轻关、轻拿轻放和轻行轻走的良好习惯。

改掉不负责任的职场习惯

一般来说，培养责任心需要克服以下四种不良职场习惯。

1.应付差事

每个单位都有这样一些员工，把工作当作“差事”，对他们来说，凡事只要应付过去就行。这样的人领导不喜欢，同事也不愿意与之合作，因此，作为个人一定要改变这种不负责任的工作态度，在认真工作中赢得领导的信任、同事的尊重。

（1）认识到工作的重要性。对个人而言，工作不仅是一个“饭碗”，也能提高自我、获得成就感；对组织而言，工作意味着责任、信任度和满意度等。若以应付差事的心理或习惯来对待工作的话，也许会给个人和组织带来巨大的损失。

（2）工作过程中，时刻提醒自己仔细认真。从小事做起，认真负责做好每一件事情。否则，工作一定会出现问题。

（3）完成工作后立即检查。工作中一定要养成每做完一件事后立即认真检查的习惯，检查能够达到发现问题、改正错误、完善工作的目的。

2.做事拖拉

一些职场人士有一个很不好的习惯就是拖拉，领导不催或不到最后一刻就不行动。那么，职场中如何避免拖拉的坏习惯呢？

（1）给自己定时。做事前给自己设定完成的时间，最好提前完成。这将帮助你激发工作的动力，集中注意力。若提前完成，你会产生完成一件工作的成就感。

（2）做好短期计划。做事拖拉的人可以把未来要完成的工作分成几个阶段，然后分摊到每天。一上班就把当天要做的工作全部列出来，这样既能让你心中有数，又能强迫你在分神时回归工作。

（3）加强时间管理。根据时间和事件的紧急程度、重要程度来安排自己的工作和生活，就会改变做事拖拉的习惯。

（4）消除所有干扰，避免因为干扰而突然终止工作。

（5）如果突然想到某件事情需要做，就马上去做，否则也许又会无限期地拖延下去。

（6）向上级、同事作出工作保证。有别人的监督，会令自己产生工作的动力。

3.粗心大意

粗心大意的人，做事情做不好或出现差错，并不是因为他们不会做或没有能力做，而往往是由于粗心、马虎造成的。改掉粗心大意的毛病要从以下几点做起。

（1）养成认真对待每一件工作的习惯。心理学认为，人们对较难的问题心理上比较重视，在大脑皮层上形成的兴奋灶比较强烈，不易受其他兴奋灶的干扰，因而不易出现差错；反之，对容易的问题心理上不太重视，在皮层上形成的兴奋灶比较微弱，易受其他兴奋灶的干扰，因而较易出现差错。因此，养成重视一切工作的习惯，认真对待每一件事情，有助于克服粗心大意的毛病。

（2）保持适度的紧张情绪。心理学家道森等人的研究表明，智力操作效率与情绪紧张之间的关系是一种倒U型曲线关系。当情绪过分紧张或毫不紧张时，智力操作效率是最差的；当情绪在中等强度的紧张状态时，智力操作效率往往是最好的。因此，保持适度的紧张情绪，也是防止粗心的有效方法。

（3）集中注意力。把注意力始终集中在所要完成的工作上，有助于克服粗心大意的毛病。

（4）戒除粗心的习惯。有些人由于经常粗心大意，久而久之，就形成了粗心的习惯。戒除粗心大意的习惯，一要靠持之以恒的严格要求，使良好习惯成为自然；二要掌握戒除粗心习惯的方法，如认真做、仔细查等。

4.虎头蛇尾

虎头蛇尾的人，做起事来只有一个很好的开始，却没有一个令人满意的结尾。美国心理学家里奥·巴伯塔提供的以下方法，可以帮助我们克服做事虎头蛇尾的习惯。

（1）用享受的方式规划。坚持做一件事不是用蛮力强迫自己，而要用一种享受的方式来规划它。如学习外语可能是件苦差事，但是也可以成为享受音乐、学习国外文化的途径。

（2）从化整为零开始。可以把要做的事情分为若干部分，把每一部分限定时间。例如看一本书，不要老想着把这本书马上读完，可以规定自己每天必须阅读十页。这样不仅有助于提高效率，还不会产生疲劳感。

（3）靠习惯支持下去。某件事情一旦你能每天坚持做一点，时间长了就会变为一种习惯，成为你生活中的一部分。

（4）时常提醒自己做事的初衷是什么。你做某件事的初衷是因为你想做。当你停止做某事时，可以回想一下那些让你决定做这件事情的原因。

（5）不要怀疑自己是否能坚持。要坚定信念，坚持做下去。

参考文献

1. 赵鸿渐.职场礼仪价值百万[M].北京:工人出版社,2009.

2. 王丽娟.员工礼仪[M].北京:中国言实出版社,2011.

3. 文天行.我最想要的职场礼仪书[M].北京:中国华侨出版社,2011.

4. 宋洁.你的形象价值百万[M].北京:中国华侨出版社,2012.

5. 如何使谈话具有幽默[OL].[2010-12-06].http://old.12371.gov.cn/n97927c458.aspx.

6. 我失败在眼神上[OL].[2011-09-25].http://www.yjbys.com/qiuzhizhinan.

7. 解读身体语言[OL].[2004-06-10].http://news.xinhuanet.com.

8. 使用手机礼仪[OL].http://www.diyifanwen.com/fanwen/gerenliyi/1242615290844188.htm.

9. 忠诚公司的十大理由[OL].[2008-12-08].http://bbs.qjy168.com.

10.做事总是虎头蛇尾怎么办[OL].[2010-07-19].http://www.yaoliwang.com/news.